# Besteuerung von privaten Wäldern

Thomas Siegel · Felix Siegel

# Besteuerung von privaten Wäldern

Steuerliche Rechte und Pflichten für nichtkommerzielle Waldbesitzer

Thomas Siegel
Steuerkanzlei Dr. Siegel
Zorneding, Deutschland

Felix Siegel
München, Deutschland

ISBN 978-3-658-33162-7     ISBN 978-3-658-33163-4  (eBook)
https://doi.org/10.1007/978-3-658-33163-4

Die Deutsche Nationalbibliothek verzeichnet diese Publikation in der Deutschen Nationalbibliografie; detaillierte bibliografische Daten sind im Internet über http://dnb.d-nb.de abrufbar.

© Der/die Herausgeber bzw. der/die Autor(en), exklusiv lizenziert durch Springer Fachmedien Wiesbaden GmbH, ein Teil von Springer Nature 2021
Das Werk einschließlich aller seiner Teile ist urheberrechtlich geschützt. Jede Verwertung, die nicht ausdrücklich vom Urheberrechtsgesetz zugelassen ist, bedarf der vorherigen Zustimmung der Verlage. Das gilt insbesondere für Vervielfältigungen, Bearbeitungen, Übersetzungen, Mikroverfilmungen und die Einspeicherung und Verarbeitung in elektronischen Systemen.
Die Wiedergabe von allgemein beschreibenden Bezeichnungen, Marken, Unternehmensnamen etc. in diesem Werk bedeutet nicht, dass diese frei durch jedermann benutzt werden dürfen. Die Berechtigung zur Benutzung unterliegt, auch ohne gesonderten Hinweis hierzu, den Regeln des Markenrechts. Die Rechte des jeweiligen Zeicheninhabers sind zu beachten.
Der Verlag, die Autoren und die Herausgeber gehen davon aus, dass die Angaben und Informationen in diesem Werk zum Zeitpunkt der Veröffentlichung vollständig und korrekt sind. Weder der Verlag, noch die Autoren oder die Herausgeber übernehmen, ausdrücklich oder implizit, Gewähr für den Inhalt des Werkes, etwaige Fehler oder Äußerungen. Der Verlag bleibt im Hinblick auf geografische Zuordnungen und Gebietsbezeichnungen in veröffentlichten Karten und Institutionsadressen neutral.

Titelbild: Astrid van Kimmenade

Planung/Lektorat: Irene Buttkus
Springer Gabler ist ein Imprint der eingetragenen Gesellschaft Springer Fachmedien Wiesbaden GmbH und ist ein Teil von Springer Nature.
Die Anschrift der Gesellschaft ist: Abraham-Lincoln-Str. 46, 65189 Wiesbaden, Germany

# Vorwort von Prof. Thomas Siegel

Ich bin schon immer gerne durch unsere heimischen Wälder gewandert. Als Steuerberater hatte ich außerdem viel mit Waldbesitzern zu tun. Zahlreiche Gespräche mit diesen Mandanten weckten in mir den Wunsch, selbst einen Wald zu besitzen. Schadensereignisse wie Sturm, Käferbefall und Schneedruck haben mich nicht abschrecken können: Für mich als Laien führten sie nur lebhaft vor Augen, dass die bei uns vorherrschenden Monokulturen den klimatischen Herausforderungen nicht gewachsen sind.

Mein erstes Stück Wald habe ich mir im Jahr 2015 gekauft. Es war ganz einfach: Ich musste nur den Kaufvertrag beim Notar unterschreiben. Was die forstliche Bewirtschaftung angeht, war ich damals allerdings noch recht blauäugig. Ich wollte einfach alles besser machen: Richtig gute, nachhaltige Mischwälder sollten auf meinen Forstflächen gedeihen.

Schnell musste ich erkennen, dass dieses ehrenwerte Vorhaben ohne Hilfe unmöglich umzusetzen war. Zum Glück war Unterstützung aber nicht weit: Die staatliche Revierförsterin, die Förster vom Waldbesitzerverband (WBV), andere Waldbauern und diverse einschlägige Bücher haben mir schnell aufgezeigt, was möglich und was nötig ist. Derart gerüstet begann ich, meinen Wald umzubauen.

Heute bin ich stolzer Eigentümer von 11 Hektar Wald. Dieser ist komplett durchforstet, Kahlflächen sind beseitigt, geschädigte Bäume werden rasch entnommen. Zusammen mit der Revierförsterin und dem Förster von der WBV habe ich einen Plan aufgestellt, welche Maßnahmen noch ergriffen werden sollen. Mindestens einmal in der Woche führt mich eine Fahrradtour, ein Spaziergang oder eine Joggingrunde durch meine Waldflächen … und jedes Mal erfreue ich mich an dem Anblick! Es ist schön zu beobachten, wie Jungpflanzen anwachsen, Bestandsbäume größer werden, entnommene Bäume Platz für Nachwuchs schaffen und geerntetes Holz ordentlich aufgeschichtet auf die Abholung durch den Holzhändler wartet. Gelegentlich setze ich mich einfach nur auf einen Baumstumpf, um zu sehen und zu hören, was sich im Wald so tut. Zu jeder Jahreszeit begegne und höre ich andere Bewohner meines Waldes und bin stolz, für sie einen Lebensraum zu schaffen und zu erhalten.

Aber natürlich bringt ein eigener Wald auch eine Menge Arbeit mit sich. Ich persönlich habe großen Respekt vor Motorsägen, Äxten und ähnlich gefährlichem Werkzeug: Den Umgang damit überlasse ich Fachleuten. Ich beschränke mich auf Pflanzarbeiten und die Beseitigung von Bedrängungsbewuchs bei meinen Jungbäumen. Wenn ich an einem Samstag im Wald 100 Bäume gepflanzt habe, empfinde ich das als enorme Bereicherung. Es fasziniert mich, dass in der Forstwirtschaft zwischen „investieren" und „ernten" ein Zeitraum von mindestens drei Menschengenerationen liegt. Vor diesem Hintergrund werden Entscheidungen ganz anders gefällt als in der gewerblichen Wirtschaft.

Sie merken: Ich bin ein leidenschaftlicher Waldbesitzer! Fast genauso leidenschaftlich bewegt mich aber die steuerliche Behandlung von Wäldern. Denn als Steuerberater habe ich die Erfahrung gemacht, dass gerade Besitzer von Kleinwäldern oft ihre steuerlichen Pflichten vernachlässigen. Fast noch mehr bedrückt es mich, dass Waldbesitzer oft wenig über Rechte und Möglichkeiten zur Optimierung der steuerlichen Belastung wissen.

Genau über diese Rechte und Pflichten soll dieses Buch Waldbesitzer so einfach wie möglich informieren. Ich habe es gemeinsam mit meinem Sohn verfasst, der mir sehr viele wertvolle Impulse bei der Abfassung dieses Buches gegeben hat.

Mir ist klar, dass eine Steuererklärung niemals so erholsam sein wird wie ein Waldspaziergang. Ich will Waldbesitzer auch nicht zu begeisterten Steuerfachleuten für Forstwirtschaft machen. Aber jeder verantwortungsvolle Waldbesitzer kennt den Grundsatz, dass man Durchforstung (die gezielte Entnahme von Bäumen zur Stärkung der verbleibenden Bäume) mäßig und regelmäßig durchführen soll.

Ich rate dazu, diesen Grundsatz auf die Steuern zu übertragen. Wer die Ratschläge in diesem Buch berücksichtigt, der kann auch in Bezug auf die Steuern mit mäßigem Aufwand alles in Ordnung halten. Wer dagegen jahrelang seine steuerlichen Pflichten vernachlässigt, der hat irgendwann umfassende Aufräumarbeiten vor sich, die schnell unangenehm, zeitaufwändig und teuer werden und so die Freude am eigenen Wald beträchtlich eintrüben können.

Vorab noch ein paar Worte zu uns, den Autoren:
Prof. Dr. Thomas Siegel:

„Ich leite seit 1996 meine Steuerkanzlei mit heute rund 30 Mitarbeitern, die ich von meinem Vater gekauft habe. Zu meinen Mandanten zählen viele Land- und Forstwirte, deren finanzielle und steuerliche Nöte ich jahrelang hautnah miterleben durfte. Zugleich merkte ich, wie sehr mir Land- und Forstwirtschaft am Herzen liegen. Ich ließ mir von den Bauern ihre Betriebe zeigen, ging mit ihnen in ihre Ställe und auf ihre Felder, aber am liebsten waren mir stets die Ausflüge in ihre Wälder.

Gezielt bildete ich mich im land- und forstwirtschaftlichen Steuerrecht weiter, absolvierte eine Prüfung bei der Steuerberaterkammer und darf mich seitdem als „Landwirtschaftliche Buchstelle" bezeichnen. Und da ich inzwischen selbst Waldbesitzer bin, kenne ich die damit verbundenen steuerlichen Herausforderungen aus erster Hand.

Als Dozent im Studiengang Medien- und Kommunikationsmanagement an der Mediadesign Hochschule in München erinnere ich Studierende gerne daran, dass der Begriff „Nachhaltigkeit" aus der Forstwirtschaft kommt. Ich bin davon überzeugt, dass Erkenntnisse des nachhaltigen Wirtschaftens in einem Wald auf die gewerbliche Wirtschaft übertragen werden können und sollten."

Felix Siegel:

„Ich bin der Sohn von Thomas und habe schon in jungen Jahren viel in der Steuerkanzlei meines Vaters mitgeholfen. Inzwischen habe ich einen Bachelor of Science gemacht und bin als wissenschaftlicher Mitarbeiter und Doktorand im Institut für Betriebswirtschaftliche Steuerlehre an der LMU in München tätig.

Für mich persönlich ist der Wald ein wichtiger Ort der Erholung, ob beim Wandern, Joggen oder Fahrradfahren. Die Mitarbeit an diesem Ratgeber hat mir gezeigt, dass der Wald aber auch ein spannendes steuerliches Feld ist, in dem ich auch zukünftig gerne weiter arbeiten möchte."

Wir wünschen Ihnen viel Freude an Ihrem Wald und eine aufschlussreiche Lektüre.

Ahorn. stock.adobe.com – Aleksandra Smirnova, aufbereitet von Isabel Winckler

Samerberg  
München  
im Dezember 2020

Thomas Siegel  
Felix Siegel

# Inhaltsverzeichnis

| | | |
|---|---|---|
| **1** | **Einleitung** | 1 |
| 1.1 | Zweck des Buches | 4 |
| 1.2 | Struktur des Buches | 5 |
| **2** | **Steuerliche Grundlagen für Waldbesitzer** | 7 |
| 2.1 | Privatwald – was ist das? | 7 |
| 2.2 | Forstbetrieb – was ist das? | 9 |
| 2.3 | Gehört der Forstbetrieb zur Landwirtschaft? | 10 |
| 2.4 | Forstbetrieb und Gewerbebetrieb | 11 |
| **3** | **Einkommensteuer: Grundlagen für Waldbesitzer** | 15 |
| 3.1 | Wald ist Betriebsvermögen, kein Privatvermögen! | 15 |
| 3.2 | Wald ist selten nur eine Liebhaberei! | 19 |
| **4** | **Einkommensteuer beim Erwerb von Wald** | 25 |
| 4.1 | Steuerliche Anmeldung | 25 |
| 4.2 | Wald kaufen | 27 |
| 4.3 | Wald erben oder geschenkt bekommen | 30 |
| **5** | **Einkommensteuer im laufenden Forstbetrieb** | 33 |
| 5.1 | Gewinnermittlung für Forstbetriebe | 34 |
| 5.2 | Einnahmen | 37 |
| 5.3 | Einnahmen durch Wald im Ausland | 39 |
| 5.4 | Betriebsausgaben | 40 |
| | 5.4.1 Pauschalierte Gewinnermittlung | 41 |
| | 5.4.2 Gewinnermittlung per Einnahmen-Überschuss-Rechnung (EÜR) | 43 |

|     |       | 5.4.3   | Ausgaben bis 800 € | 46 |
|-----|-------|---------|---------------------|----|

        5.4.3   Ausgaben bis 800 € ............................... 46
        5.4.4   Ausgaben über 800 € .............................. 47
        5.4.5   Beispiele für Ausgaben von A–Z .................... 49
                5.4.5.1   Arbeitszimmer ........................... 49
                5.4.5.2   Beratungskosten ......................... 49
                5.4.5.3   Dienstleistungen ........................ 50
                5.4.5.4   Fahrzeuge ............................... 51
                5.4.5.5   Fortbildungen ........................... 53
                5.4.5.6   Schutz-Kleidung ......................... 54
                5.4.5.7   Versicherungen und Beiträge ............. 54
                5.4.5.8   Zinsen .................................. 54
   5.5  Tarifvergünstigungen in Sondersituationen ................. 54
        5.5.1   Steuersätze bei außerordentlichen Holznutzungen ... 55
        5.5.2   Forstschädenausgleichsgesetz ...................... 56
   5.6  Einkommensteuererklärung bei Forstbetrieben ............... 57

6  **Einkommensteuer beim Verkauf von Wald** ..................... 63
   6.1  Erste Frage: Betriebsvermögen oder Privatvermögen? ........ 63
   6.2  Versteuerung von Gewinn ................................... 65
   6.3  Steuerliche Begünstigung des Gewinns beim Waldverkauf ..... 70
        6.3.1   Freibetrag ........................................ 70
        6.3.2   Tarifermäßigung beim Waldverkauf .................. 71
        6.3.3   Steuervorteile bei Reinvestition des Gewinns ...... 74

7  **Umsatzsteuer für Waldbesitzer** ............................. 77
   7.1  Pauschalierende Forstwirte ................................ 78
   7.2  Regelbesteuerung .......................................... 83
   7.3  Steuerliche Erklärung ..................................... 86

8  **Substanzsteuern für Waldbesitzer** .......................... 89
   8.1  Grundsteuer für Waldbesitzer – laufender Betrieb .......... 91
   8.2  Erbschafts- und Schenkungsteuer ........................... 93

9  **KFZ-Steuer für Waldbesitzer** ............................... 99

**Anhang** ....................................................... 103

# Einleitung

Menschen haben ein besonderes Verhältnis zu Wald. Sie genießen das Wandern unter Bäumen, sie erspüren und erforschen die heilende Wirkung der grünen Oasen, sie kämpfen für den Erhalt des Hambacher Forst, des Dannenröder Forst oder den Schutz der Natur bei Großbauprojekten wie Stuttgart 21. Da kann es nicht verwundern, dass viele Menschen den Wunsch haben, selbst ein eigenes Stückchen Wald zu besitzen.

Auch Investoren haben den Wald für sich entdeckt. Am besten lässt sich das an den Preisen für kleine Waldparzellen ablesen, die in den letzten Jahren enorm gestiegen sind. In der Nähe von Ballungsräumen wie München werden teilweise über 10 € pro Quadratmeter bezahlt. Bei solchen Preisen wird Brennholz aus dem eigenen Wald zur Luxusware. Großinvestoren begeben sich deshalb inzwischen eher im Ausland auf die Suche nach bezahlbaren Grünflächen.

Gehen wir zunächst einmal ganz allgemein darauf ein, worum es in diesem Buch geht. In Deutschland sind ein Drittel aller Flächen von Wald bedeckt. Das entspricht 11 Mio. Hektar oder (für manche vielleicht etwas anschaulicher) rund 15 Mio. Fußballfeldern. Grob vereinfacht kann man sagen, dass der Wald im Norden und Osten von Deutschland von Sandböden dominiert wird, auf dem vor allem Kiefern gut gedeihen, während im Süden und in den Mittelgebirgen die Fichte vorherrscht. Zu den häufigsten Bäumen gehören außerdem Buche und Eiche. Aber natürlich gibt es noch viele weitere Baumarten: Von Birke, Pappel und Erle über Esche, Ahorn und Linde bis hin zu Lärche, Tanne und Douglasie.

Rund die Hälfte aller Waldflächen befindet sich im Privatbesitz. Ein großer Teil davon gehört alten Adelsfamilien mit klingenden Namen wie Thurn und Taxis, Fürstenberg, Hohenzollern oder Sayn-Wittgenstein. Sie haben ihren Besitz oft über Jahrhunderte fast vollständig erhalten können. Trotzdem sind diese

© Der/die Autor(en), exklusiv lizenziert durch Springer Fachmedien Wiesbaden GmbH, ein Teil von Springer Nature 2021
T. Siegel und F. Siegel, *Besteuerung von privaten Wäldern*, https://doi.org/10.1007/978-3-658-33163-4_1

„Großwaldbesitzer" nur eine Minderheit. Laut dem Verband „AGDW – Die Waldeigentümer" gibt es allein in Deutschland ca. 2.000.000 Waldbesitzer. Der größte Teil von ihnen besitzt kleine bis sehr kleine Waldstücke: Die Durchschnittsgröße privater Wälder liegt bei 3 Hektar.

Neben Größe und Baumbestand ist für die forstwirtschaftliche Beurteilung von Wald auch wichtig, ob es sich um einen Bergwald handelt, bei dem alle Aufgaben weitgehend von Hand erledigt werden müssen, oder ob es sich um einen gut erschlossenen Wald in der Ebene handelt, der beispielsweise den Einsatz von großen Maschinen wie dem Harvester ermöglicht.

Viele der kleineren Forstwirtschaften sind in den letzten Jahren und Jahrzehnten vom Finanzamt unbehelligt geblieben. Das liegt unter anderem daran, dass bei kleinen Waldstücken in den meisten Fällen nicht viel zu holen war.

Warum also ein Buch über Steuern für Waldbesitzer? Ganz einfach: Weil sich die Lage grundlegend verändert hat. Das hängt zum einen mit den stark angestiegenen Preisen für Wald zusammen. Zum anderen hat sich die Rechtsprechung verändert, sodass heute praktisch jeder Wald steuerliches Betriebsvermögen darstellt.

Um große Beträge geht es vor allem beim Kauf oder Verkauf von Wald. Über die Benachrichtigungen der Notare erfahren die Finanzämter von jedem Grundstückverkauf und damit natürlich auch von jedem Waldverkauf. In erster Linie geschieht dies, damit das Finanzamt die Grunderwerbsteuer festsetzen kann. Aber die Information wird auch an die Einkommensteuer-Stelle weitergeleitet, damit diese prüfen kann, ob der Verkauf des Waldes steuerliche Relevanz hat.

Wer Einnahmen aus einem steuerpflichtigen Waldverkauf nicht in seine Einkommensteuererklärung aufnimmt, der sollte sich nicht zu sicher fühlen, wenn er damit zunächst durchkommt. Bis zu zehn Jahre kann sich das Finanzamt Zeit lassen, um Steuern für die durch den Verkauf von Wald erzielten Einnahmen nachzufordern. Neben möglichen juristischen Konsequenzen wird eine solche Nachzahlung auch teuer: Pro Jahr sind 6 % Zinsen fällig.

Aber auch die Bewirtschaftung von Wald bringt steuerliche Herausforderungen mit sich. Die aktuell extrem niedrigen Holzpreise (Stand: Ende 2020) sorgen dafür, dass mit Forstwirtschaft fast unmöglich Gewinne erzielt werden können. Gleichzeitig bringt jeder Wald gewisse Aufgaben und notwendige Investitionen mit sich. Eins ist klar: Forstwirtschaft eignet sich nicht für Anleger, die kurzfristig Gewinne erzielen möchten.

Zugleich spielt Wald in vieler Beziehung eine wichtige Rolle: Er gehört zu einer schönen Landschaft, bremst die Auswirkungen des Klimawandels und dient für viele Menschen der Erholung und dem Ausgleich zum Alltag in den Städten. Holz als Rohstoff stellt zudem in vieler Hinsicht eine ökologische Alternative

# 1 Einleitung

zu Kunststoff dar, der angesichts der enormen Abfallmengen und der weltweiten Verschmutzung von Meeren und Landschaften immer kritischer gesehen wird. Deshalb unterstützt der Staat bewusst gerade kleinere Waldbesitzer mit großzügigen Förderungen. Das Bundeslandwirtschaftsministerium zahlt bei entsprechender Zertifizierung eine Nachhaltigkeitsprämie, Bundesländer wie Bayern beteiligen sich großzügig an Kosten für Anpflanzungs- und Pflegemaßnahmen.

All diese Faktoren sorgen dafür, dass Investitionen in Wald mittel- bis langfristig durchaus auch finanziell interessant werden könnten. Dennoch bleibt es dabei, dass in der Forstwirtschaft normalerweise erst Enkel und Ur-Enkel von dem profitieren, was heute gepflanzt wird. Aus rein finanzieller Sicht erscheint es deshalb vielleicht sinnvoller, Geld in ein Aktiendepot bei einer Online-Bank zu investieren. Da kann man jeden Tag den Depotauszug studieren und sehen, wie das Portfolio sich entwickelt. Ein Blick auf das Handy genügt, man muss das Haus nicht verlassen, keine schweißtreibenden Arbeiten verrichten und können nebenbei noch eine Tasse Kaffee trinken.

Wer statt dieser bequemen Möglichkeit lieber in Wald investiert, der tut dies normalerweise nicht wegen der Rendite. Waldbesitzer gehen oft los, um ihren Wald zu „checken". Sie fühlen sich mit ihrem Stück Natur auf eine Art und Weise verbunden, die tiefer geht als die Freude an guten Zahlen auf einem leuchtenden Display. Und obwohl Stürme, Insekten oder Trockenheit den Bäumen zusetzen und ärgerliche Schäden hervorrufen, obwohl es teilweise harte Arbeit ist, man sich an Brombeeren die Haut aufreißt oder gelegentlich eine Zecke einfängt: Die Arbeit im Wald vermittelt das ungemein gute Gefühl, etwas Bereicherndes und Wertvolles zu tun.

Gerade der beschränkte Bewegungsradius im Rahmen der Covid-19-Pandemie sorgt zusätzlich dafür, dass viele Menschen sich nach einem natürlichen Rückzugsraum sehnen, wo sie sich ohne Mund-Nasen-Bedeckung frei bewegen können und wohltuenden Abstand von der viel zu hektisch gewordenen Welt bekommen.

Deswegen sollten Waldbesitzer ihrem Wald treu bleiben, auch wenn es sich finanziell nicht immer lohnt. Und gerade diejenigen, die viel Zeit in Büros und Häusern zubringen und bisher nichts mit Wald zu tun hatten, sollten sich ernsthaft überlegen, ob sie nicht in ein Stück Wald investieren wollen. Denn sie erhalten damit die Chance, sich sinnvoll an frischer Luft zu bewegen und sich daran zu erfreuen, ein kleines Stück Natur nach eigenen Vorstellungen zu gestalten und zu pflegen. Keine Sorge: Bei den forstwirtschaftlichen Herausforderungen helfen Revierförster und Förster vom Waldbesitzerverband … und bei allen steuerlichen Belangen hilft dieses Buch!

## 1.1 Zweck des Buches

Die Entscheidung, dieses Buch zu verfassen, entstand durch ein ganz konkretes Ereignis.

> **Beispiel**
>
> Im Jahr 2019 kam eine 80-jährige Mandantin in die Kanzlei von Prof. Thomas Siegel. In ihren zitternden Händen hielt sie ein Schreiben ihres zuständigen Finanzamtes. Der Sachbearbeiter teilte ihr darin mit, dass das Finanzamt Kenntnis vom Verkauf des Waldes der Dame mit einer Größe von 2,5 ha (= 25.000 qm) erhalten hatte. Jetzt wollte er gerne wissen, warum dieser Verkauf in der betreffenden Einkommensteuererklärung von 2016 nicht erklärt wurde.
>
> Weil der Wald nahe bei einem Ballungsgebiet lag, konnte die Mandantin einen ansehnlichen sechsstelligen Betrag erzielen. Unter Tränen erzählte sie, dass der Wald schon seit Generationen im Besitz der Familie sei, dass er seit Jahren durch Sturm- und Käferschäden enorme Aufwendungen erforderte, wegen des geringen Holzpreises aber kaum Erträge einbrachte. Wie könne vor diesem Hintergrund der Fiskus bei einem Verkauf eine Besteuerung vornehmen?
>
> Die schlechte Nachricht war: Ja, er kann! Diesen Umstand hätte die Mandantin auch nicht vermeiden können. Sehr wohl hätte sie aber die Aufwendungen für die Bewirtschaftung des Waldes in den jeweiligen Einkommensteuererklärungen geltend machen und die dadurch entstehenden Verluste gegen ihre positiven Einkünfte verrechnen können. Drei Jahre nach dem Verkauf war es dafür aber zu spät.
>
> Die Mandantin musste Einkommensteuer, Solidaritätszuschlag und Kirchensteuer zuzüglich Zinsen nachzahlen. Außerdem eröffnete ihr das Finanzamt, dass gegen sie ein Strafverfahren wegen Steuerhinterziehung eingeleitet wurde. Zumindest in dieser Beziehung ging die Sache gut aus: Das Verfahren wurde nach einem Jahr eingestellt. ◂

Dieser Fall macht sehr deutlich, welche Fehler man bei Besitz, Pflege und Verkauf von Wald machen kann, wenn es um die Besteuerung geht. Deshalb gibt dieses Buch Besitzern von Privatwäldern das Rüstzeug an die Hand, um im Normalbetrieb alle steuerlichen Verpflichtungen selbst wahrzunehmen.

Bei besonderen Ereignissen wie größeren Schäden, Kauf oder Verkauf, Schenkung oder Erbschaft kann das Buch zur Orientierung und zum besseren Verständnis steuerlicher Rahmenbedingungen dienen. Dennoch sollte in diesen Fällen ein Steuerberater mit entsprechender Zusatzqualifikation aufgesucht werden. Ein Hinweis für eine solche Zusatzqualifikation ist zum Beispiel die Bezeichnung „Landwirtschaftliche Buchstelle".

Eins ist sicher: Unter normalen Umständen eignen sich Waldbesitz und Forstbetrieb nicht als Steuersparmodell. Auch beim Kauf von Wald besteht keine Möglichkeit, gezielt und in großem Umfang Steuern zu sparen.

Leider gibt es immer wieder Anlageberater, die genau das Gegenteil behaupten. Um es klar zu sagen: Solche Anlageberater arbeiten unseriös. Aufgrund des niedrigen Zinsniveaus gibt es keine sinnvollen Investitionsmodelle mehr, bei denen auf legale Weise nennenswerte Steuerersparnisse oder nachhaltig hohe Erträge erzielt werden können. Angebote, die dies trotzdem versprechen, stellen sich fast immer als Betrugsmodelle heraus. Eines der prominentesten Beispiele aus der letzten Zeit ist die in Deutschland inzwischen insolvente P&R-Gruppe mit ca. 54.000 Anlegern, die laut Staatsanwaltschaft insgesamt 1,5 bis 2 Mrd. EUR verloren. Seriöse Angebote für Geldanlagen erkennt man unter anderem daran, dass besonders auf den Werterhalt geachtet wird.

Dieses Buch gibt keine Anleitung zur Waldbewirtschaftung. Wer sich zu diesem Thema informieren möchte, dem sei der sehr hilfreiche forstwirtschaftliche Ratgeber von Herrn Wohlleben ans Herz gelegt. Die Angaben zu diesem und weiteren hilfreichen Büchern finden sich im Anhang (Abschn. 10.1).

Ansonsten bekommen Besitzer kleinerer Wälder guten Rat und Unterstützung bei Forstgenossenschaften oder Waldbesitzervereinigungen. Auch der staatliche Revierförster berät gerne und kostenlos, aktive Hilfe bei der Bewirtschaftung des eigenen Waldes ist dagegen kostenpflichtig. Zu guter Letzt: Sprechen sie einfach auch mal mit den Besitzern benachbarter Waldgrundstücke! Oft sind sehr erfahrene „Kollegen" dabei, die sich freuen, wenn sie um Rat gefragt werden.

## 1.2 Struktur des Buches

Die Struktur dieses Buches orientiert sich an den verschiedenen Arten von Steuern, auf die sich Besitz, Bewirtschaftung, Kauf und Verkauf sowie Erbe und Vererbung von Wald auswirken können. Zunächst wird auf die Grundlagen eingegangen, die unter anderem erklären, warum inzwischen auch Besitzer kleiner und kleinster Waldparzellen sich mit dem Thema Steuern auseinandersetzen sollten.

Anschließend befassen wir uns mit der Einkommensteuer und wie ein Wald sich darauf auswirken kann, vom Erwerb über Einnahmen und Ausgaben im laufenden Betrieb bis hin zu steuerlichen Auswirkungen beim Verkauf oder beim

Vererben oder Schenken von Wald. In den daran anschließenden Kapiteln wird auf Umsatzsteuer, auf die Substanzsteuern und die Kraftfahrzeugsteuer eingegangen.

Wenn es um Steuern geht, besteht immer die Gefahr, dass ein Thema zu abstrakt wirkt und sich nur schwer nachvollziehen lässt. Deshalb veranschaulichen wir Sachverhalte so oft wie möglich anhand eines konkreten Beispiels. Zu diesem Zweck begleiten uns der fiktive Waldbesitzer Simon und andere Protagonisten durch das gesamte Buch. Ähnlichkeiten mit echten Personen sind natürlich rein zufällig und nicht beabsichtigt.

Da dieses Buch sich auch an Steuerberater und andere Menschen richtet, die es genauer wissen wollen, haben wir an vielen Stellen die zugehörigen Paragrafen und andere relevante Quellen in Klammern ergänzt. Für das Verständnis der Inhalte sind sie nicht erforderlich.

Buche (stock.adobe.com – Basicmoments – Common Beech (Fagus sylvatica) Engraved antique illustration from Brockhaus Konversations-Lexikon 1908), aufbereitet von Isabel Winckler

# Steuerliche Grundlagen für Waldbesitzer

Menschen, die Wald forstwirtschaftlich nutzen, bildeten viele Jahrhunderte lang eine kleine Elite. Sie entwickelten ein eigenes Vokabular, um sich exakt und unmissverständlich über Waldangelegenheiten verständigen zu können. So gibt es in der Forstwirtschaft noch heute viele Begriffe, die dem Normalbürger und Nicht-Waldbesitzer eher nicht geläufig sind. Ganz ähnlich verhält es sich mit dem Steuerrecht: Viele Begriffe und Vorschriften werden ohne Vorkenntnisse schnell falsch verstanden ... oder garnicht.

In diesem Buch versuchen wir, alle schwierigen Begriffe zu vermeiden. Wenn es ohne Fachbegriff nicht geht, versuchen wir, diesen so einfach wie möglich zu erklären. In einigen Fällen ist es jedoch umgekehrt: Ein vermeintlich leicht verständlicher Begriff hat in Zusammenhang mit Steuern und Forstwirtschaft eine spezifische Bedeutung, deren Verständnis notwendig ist, um Fehler und Missverständnisse zu vermeiden.

Deshalb soll hier zunächst erklärt werden, was ein Waldbesitzer über seinen Status und die damit verbundenen steuerlichen Rahmenbedingungen wissen muss.

## 2.1 Privatwald – was ist das?

Grundsätzlich ist jeder Wald automatisch ein Privatwald, wenn er nicht Städten, Gemeinden, den Ländern oder dem Bund gehört (◉ Abb. 2.1). Mit Privatwald ist also nicht gemeint, dass es sich um steuerliches Privatvermögen handelt. Zum Beispiel sind Kirchen zum großen Teil Körperschaften öffentlichen Rechts. Trotzdem zählen die Wälder, die von Pfarreien, Klöstern, Stiftungen und Bistümern bewirtschaftet werden, zu den Privatwäldern.

© Der/die Autor(en), exklusiv lizenziert durch Springer Fachmedien
Wiesbaden GmbH, ein Teil von Springer Nature 2021
T. Siegel und F. Siegel, *Besteuerung von privaten Wäldern*,
https://doi.org/10.1007/978-3-658-33163-4_2

## Wald i.S.v. § 3 BWaldG

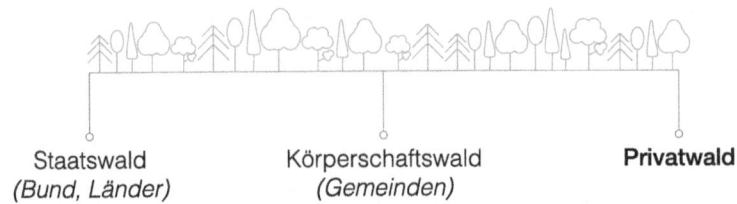

Staatswald  Körperschaftswald  **Privatwald**
*(Bund, Länder)*  *(Gemeinden)*

**Abb. 2.1** Definition Privatwald laut Bundeswaldgesetz. Grafik: Astrid van Kimmenade

Dieses Buch richtet sich an private Besitzer kleiner Waldflächen. Die meisten dieser Waldflächen sind kleiner als 10 ha.

Da es also um kleine und kleinste Flächen geht, stellt sich die Frage, ab welcher Größe man überhaupt von „Wald" sprechen kann. Eine Definition aus der Forstwirtschaft besagt beispielsweise, dass Wald eine im Wesentlichen aus Bäumen aufgebaute Pflanzenformation ist, die eine so große Fläche bedeckt, dass sich darauf ein charakteristisches Waldklima entwickeln kann. Damit wird die Frage letztlich nicht beantwortet, sondern nur variiert. Denn was ist bitte ein „charakteristisches Waldklima"?

Klarer formuliert es das Bundeswaldgesetz: Jede mit Forstpflanzen bestockte Grundfläche ist ein Wald. Auch Lichtungen, Waldwege, Sicherungsstreifen, Holzlagerstätten, Wildäsungsflächen und Flächen, auf denen alle Bäume gefällt wurden (der auch bei Laien wohlbekannte Kahlschlag), werden zum Wald dazugezählt.

Nicht dazugezählt werden jedoch Wälder, die zugleich dem Anbau landwirtschaftlicher Produkte dienen oder im Flächenidentifizierungssystem als landwirtschaftliche Flächen erfasst sind. Eine weitere Ausnahme sind sogenannte „Kurzumtriebsplantagen": Das sind Flächen, auf denen Bäume angepflanzt werden, die nicht länger als 20 Jahre wachsen sollen und danach z. B. in Biogasanlagen verwertet werden. Dazu gehören auch Baumschulen oder Flächen, auf denen Weihnachtsbäume angepflanzt werden.

Für die Zwecke dieses Buches können wir es uns einfacher machen: Es geht um aktuell, ehemals oder zukünftig baumbestandene Flächen, die direkt oder indirekt Auswirkungen auf Steuern haben und nicht zu einem landwirtschaftlichen Betrieb gehören (sogenannte Bauernwälder).

## 2.2 Forstbetrieb – was ist das?

Lange galt folgende Regelung: Ein Forstbetrieb ist ...

- eine mit der Absicht der Gewinnerzielung nachhaltig ausgeübte selbstständige Tätigkeit, die
- unter Beteiligung am allgemeinen wirtschaftlichen Verkehr
- auf der planmäßigen Nutzung der natürlichen Kräfte des Waldbodens und ihrer Verwertung im Wege der Holzernte

beruht. Es handelt sich um eine selbstständige Tätigkeit, die übrigens nicht voraussetzt, dass der Besitzer tatsächlich auch selbst im Wald arbeitet!

> **Beispiel**
>
> Simon kauft von einem Landwirt drei Waldflächen mit einer Gesamtfläche von 35.000 qm, also 3,5 ha. Auf diesen Flächen befindet sich im Wesentlichen ein Bestand 35 Jahre alter Fichten. Außerdem gibt es einige Kahlflächen, die durch Sturm und Käferbefall entstanden sind. Simon lässt die Flächen vom örtlichen Waldbesitzerverein im Rahmen eines Pflegevertrages bewirtschaften.
>
> Obwohl Simon selbst keinerlei Arbeiten im Wald erledigt, ist er unzweifelhaft Forstwirt: Er besitzt Wald und bewirtschaftet ihn selbstständig, indem er die Pflege durch den Waldbesitzerverein bezahlt und sich auf diese Weise am allgemeinen wirtschaftlichen Verkehr beteiligt. Daraus wird abgeleitet, dass eine Gewinnerzielungsabsicht vorliegt. ◄

Inzwischen gibt es Entscheidungen des Bundesfinanzhofes, nach denen ein Waldbesitzer auch als Forstwirt gilt, wenn er Waldgrundstücke kauft und nach ein paar Jahren ohne forstwirtschaftliche Tätigkeit mit Gewinn weiterverkauft. Die Begründung: Weil die Bäume auch ohne Pflege weiterwachsen, steigert sich automatisch der Wert des Waldes. Damit handelt es sich beim Verkauf des Waldes nicht mehr um ein privates Veräußerungsgeschäft, sondern um eine Tätigkeit, bei der ein Gewinn erzielt wird. Deshalb gilt ein Wald als Forstbetrieb, selbst wenn der Besitzer einfach nur die Bäume wachsen und damit „für sich arbeiten" lässt. Der Gewinn aus dem Verkauf muss deshalb versteuert werden, auch wenn dabei unter Umständen gewisse Freibeträge zu berücksichtigen sind.

Mit anderen Worten: Weil es in der Natur von Bäumen liegt, zu wachsen und damit an Wert zu gewinnen, ist schon allein der Besitz des Waldes unternehmerisches Handeln. Das bedeutet im Umkehrschluss, dass es inzwischen fast unmöglich ist, ein Waldbesitzer zu sein und trotzdem nicht als Forstbetrieb eingestuft zu werden. Eine Ausnahme stellt Wald als Teil des eigenen, privat genutzten Gartens dar.

> **Beispiel**
>
> Johanna lebt mit ihrer Familie in einem Einfamilienhaus mit einem 1.000 qm großen Garten. Da ihr das Rasenmähen zu mühsam wird, bepflanzt sie 300 qm des Gartens mit Buchen und Fichten.
>
> Johanna hat keinen Forstbetrieb, da sie die Bäume zum Privatvergnügen anpflanzt und sie somit nicht am allgemeinen wirtschaftlichen Verkehr teilnimmt. Da die Bäume sich in einem bebauten Gebiet befinden, gelten sie genau genommen aber auch nicht als Wald, obwohl Johanna sich als Waldbesitzerin fühlt. ◄

## 2.3 Gehört der Forstbetrieb zur Landwirtschaft?

Es besteht eine grundlegende Ähnlichkeit zwischen Landwirtschaft und Forstwirtschaft: Beide nutzen den Boden zur Herstellung von Produkten. Natürlich sind daran auch andere Naturkräfte wie Regen und Sonne beteiligt. Trotzdem würde niemand auf die Idee kommen, eine Photovoltaikanlage der Landwirtschaft zuzuordnen, weil sie die Naturkraft der Sonnenenergie in Strom umwandelt. Somit ist es die Nutzung der Kraft des Bodens, die Forstwirtschaft und Landwirtschaft verbindet.

Grundsätzlich scheint klar: Forstwirtschaft bezieht sich auf Bäume, Landwirtschaft auf allen anderen Formen der Flächennutzung. Bei der steuerlichen Einordnung liegt der entscheidende Unterschied jedoch woanders: Es geht um Zeit! In der Forstwirtschaft liegen normalerweise mehrere Jahrzehnte zwischen Anpflanzung und Holzernte. Die Landwirtschaft sät und erntet dagegen gewöhnlich im Jahresrhythmus, in anderen Bereichen wie der Viehzucht gelegentlich in noch kürzeren Intervallen.

Vor diesem Hintergrund gibt es durchaus auch Flächen mit Baumbewuchs, die aus wirtschaftlich-steuerlicher Sicht nicht zur Forst-, sondern zur Landwirtschaft gehören. Ein Beispiel dafür sind die bereits erwähnten Kurzumtriebsplantagen für nach wenigen Jahren geerntete Bäume, Weihnachtsbäume und Baumschulen

## 2.4 Forstbetrieb und Gewerbebetrieb

(sofern diese zur Landwirtschaft gehören). Tatsächlich verbietet es das Bundeswaldgesetz sogar, Wald in solche kurzfristig genutzten Flächen umzuwandeln ... obwohl auch dort nichts anderes als Bäume wachsen!

**Beispiel**

Richard kauft sich einen 1,5 ha großen Acker und bepflanzt ihn mit schnellwachsenden Pappeln. Nach 8 Jahren erntet er die Bäume, sie werden gehäckselt und verkauft.

Durch die Bepflanzung des Ackers mit Bäumen entsteht kein Wald, weil die Bäume kurzfristig geerntet werden. Folglich betreibt Richard keine Forstwirtschaft, sondern Landwirtschaft. ◄

Zu vielen landwirtschaftlichen Betrieben gehört auch ein Wald. Gerade in waldreichen Gebieten sind solche Bauernwälder ein wichtiger Bestandteil des landwirtschaftlichen Betriebes, weil so der bestehende Bedarf an Brenn- und Bauholz aus dem eigenen Bestand entnommen werden kann.

Aus Sicht des Steuerrechts ist die Abgrenzung der Forstwirtschaft zur Landwirtschaft zunächst ohne Bedeutung, weil Einkünfte aus beiden Bereichen normalerweise zusammengefasst und auf gleiche Weise besteuert werden. Nur bei außerordentlichen Einkünften oder Sonderfällen wie Sturm gibt es gewisse Unterschiede, auf die wir später eingehen (► Abschn. 5.5). Außerdem gibt es verschiedene Steuererleichterungen und Fördermittel, die speziell an die Einordnung als Forstbetrieb gebunden sind.

## 2.4 Forstbetrieb und Gewerbebetrieb

Die Land- und Forstwirtschaft genießt viele steuerliche Privilegien, weil sie für eine intakte Natur, die Sicherstellung unserer Ernährung sowie die nachhaltige Herstellung von Rohstoffen eine entscheidende Bedeutung hat.

Ein Forstbetrieb, der sich auf die Produktion von Holz beschränkt, wird keine Probleme haben, sich von einem Gewerbebetrieb abzugrenzen. Das ist auch notwendig. Denn ein Gewerbebetrieb muss nicht nur auf Steuervorteile verzichten, die dem Forstbetrieb zustehen, er muss auch Gewerbesteuer zahlen, auch wenn diese im Regelfall auf die Einkommensteuer anrechenbar ist.

Da sich zumindest zum heutigen Zeitpunkt (Ende 2020) allein durch den Verkauf von Holz jedoch kaum Gewinne erzielen lassen, weichen viele Waldbesitzer auf andere Nutzungsmöglichkeiten ihrer Wälder aus. Maschinen und Fahrzeuge, die für die Arbeit im Wald angeschafft werden, lassen sich möglicherweise auch für Erntedienstleistungen oder Winterdienste nutzen. Waldbesitzer können durch solche Tätigkeiten also etwas dazuverdienen. Dies sind jedoch eindeutig gewerbliche Geschäftstätigkeiten!

In solchen Fällen sind Waldbesitzer gut beraten, die gewerbliche Nutzung sauber von der Nutzung für den Forstbetrieb zu trennen und sowohl Anschaffungskosten als auch laufende Kosten entsprechend der anteiligen Nutzung aufzuteilen.

Es besteht aber auch die Möglichkeit, den Wald selbst gewerblich zu nutzen.

### Beispiel

Simon vermietet seinen Wald tageweise an ein Coaching-Unternehmen, das gestressten Managern den Weg zurück zu den eigenen Wurzeln aufzeigen will.

Die Einnahmen, die Simon durch die Überlassung des Waldes an das Coaching-Unternehmen erzielt, sind gewerbliche Einkünfte. Er muss dafür beim Gewerbeamt ein eigenes Gewerbe anmelden und die Einkünfte separat von den Einkünften aus dem Forstbetrieb versteuern.◄

## 2.4 Forstbetrieb und Gewerbebetrieb

(Eiche. stock.adobe.com – Aleksandra Smirnova, aufbereitet von Isabel Winckler)

# Einkommensteuer: Grundlagen für Waldbesitzer

Wann spielt Einkommensteuer für Waldbesitzer überhaupt eine Rolle? Früher: Öfter, als viele denken. Heute: Eigentlich fast immer! Gerade Besitzer, bei denen sich kleine und kleinste Waldgrundstücke seit Generationen in Familienbesitz befinden, vertreten jedoch bis heute oft eine andere Meinung: Sie sehen ihren Wald als privates Grundstück, das für die Einkommensteuer ohne Belang ist. Tatsächlich haben viele Finanzämter diese Meinung in der Vergangenheit geteilt und entsprechend gehandelt.

Dies hat sich jedoch geändert. Deshalb räumen wir zunächst mit der alten Vorstellung auf, das kleine Waldflächen als Privatvermögen oder als Liebhaberei angesehen werden können.

Anschließend befassen wir uns mit der Einkommensteuer selbst und wie sich ein Wald auf diese auswirkt – beim Erwerb, während der Besitzzeit und beim Verkauf.

## 3.1 Wald ist Betriebsvermögen, kein Privatvermögen!

Wer es sich einfach machen will, braucht eigentlich nur den nächsten Satz zu lesen und kann den Rest dieses Unterkapitels überspringen:

Wald stellt seit einer Entscheidung des Bundesfinanzhofs aus dem Jahr 2018 praktisch immer steuerliches Betriebsvermögen dar! (Abb. 3.1).

Zunächst zur Beruhigung: Diese Einordnung hat zunächst nicht so negative Konsequenzen, wie es auf den ersten Blick erscheint. Zwar muss wegen dieser Entscheidung beim Verkauf der komplette Veräußerungsgewinn versteuert werden. Auf der anderen Seite genießen Waldbesitzer dadurch diverse steuerliche

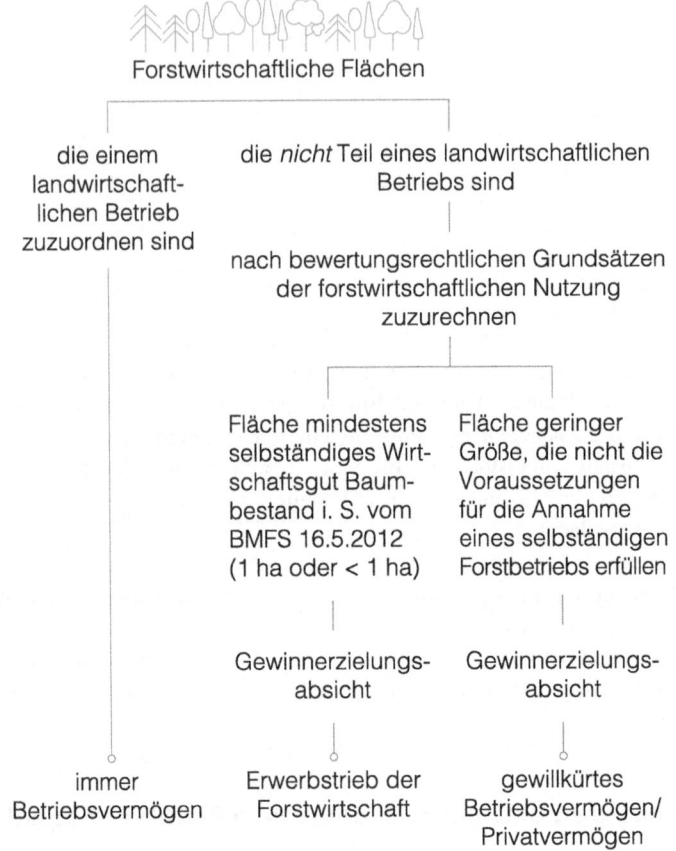

**Abb. 3.1** Forstwirtschaftliche Flächen sind fast immer Betriebsvermögen. Grafik: Astrid van Kimmenade

Vorteile, sowohl beim Kauf und bei der Bewirtschaftung als auch beim Verkauf des Waldes.

Und jetzt noch einmal ausführlicher zur Entscheidung des Bundesfinanzhofes: Weder die Größe des Waldes noch die aktive Bewirtschaftung spielt für die Einordnung als Betriebsvermögen eine Rolle! Auch Bauernwälder, die zu einem landwirtschaftlichen Betrieb gehören, sind unabhängig von Größe und Lage stets Teil des Betriebsvermögens. Wenn jemand keine Landwirtschaft betreibt, aber

## 3.1 Wald ist Betriebsvermögen, kein Privatvermögen!

mehrere voneinander getrennte Waldstücke besitzt, so bilden diese gemeinsam das Betriebsvermögen eines einzelnen Forstbetriebs.

Wir gehen hier so ausführlich auf dieses Thema ein, weil bis vor kurzem sowohl bei Waldbesitzern als auch bei Finanzämtern oft die Meinung herrschte, dass Wälder bis zu einer Größe von 1 bis 2 ha dem steuerlichen Privatvermögen zuzurechnen sind, wenn sie nicht regelmäßig bewirtschaftet werden.

Auch die Bezeichnung „Privatwald" könnte manchen Besitzer dazu verleiten, seinen Wald auch als „Privatvermögen" anzusehen. Zumindest aus Sicht des Steuerrechts haben die beiden Begriffe jedoch nichts miteinander zu tun. Abgesehen von Wäldern, die dem Bund, Ländern, Städten oder Gemeinden gehören, ist fast jeder Wald ein Privatwald (Abschn. 2.1). Zum Privatvermögen zählt dagegen fast keiner dieser Wälder.

> **Beispiel**
>
> Simon hat von einem Landwirt drei Waldflächen gekauft. Sie haben eine Gesamtfläche von 35.000 qm, also 3,5 ha. Da die Flächen vorher Teil eines landwirtschaftlichen Betriebs waren, wird diese bewertungsrechtliche Einordnung beim Kauf übernommen. Die Fortschreibung dieser Einordnung erhält Simon nach dem notariell beurkundeten Kauf vom für den Wald zuständigen Bewertungs-Finanzamt: Der sogenannte Einheitswertbescheid legt fest, dass es sich – wie beim Vorgänger – um einen Betrieb der Land- und Forstwirtschaft handelt.
>
> Simon lässt seine Waldflächen vom Waldbesitzerverein pflegen und erzielt Erlöse aus dem Holzverkauf. Damit ist klar: Simons Wald ist ein Forstbetrieb und stellt in steuerlicher Hinsicht ein Betriebsvermögen dar, obwohl es sich im Sinne des Bundeswaldgesetzes um einen Privatwald handelt. ◄

In älterer Literatur wird in Bezug auf Forstbetriebe oft zwischen „Aussetzendem Betrieb" und „Nachhaltsbetrieb" unterschieden (Abb. 3.2). Beim Nachhaltsbetrieb befinden sich in einem Waldstück viele unterschiedliche Altersklassen und Arten von Bäumen, sodass in jedem Jahr der eine oder andere Baum gefällt und verkauft werden kann. Auf diese Weise hat der Waldbesitzer laufend Einnahmen.

Beim aussetzenden Betrieb werden beispielsweise in einem Jahr auf der gesamten Fläche des Waldes Fichten gepflanzt. Dann wartet der Waldbesitzer, bis die Bäume groß genug sind. Nur bei Durchforstungsmassnahmen, die alle fünf bis zehn Jahre stattfinden, werden einzelne Bäume entnommen, um die verbleibenden Bäume zu stärken. Zwischen diesen Durchforstungsmaßnahmen setzt der Betrieb immer wieder aus, bis nach mehreren Jahrzehnten der Waldbesitzer (oder

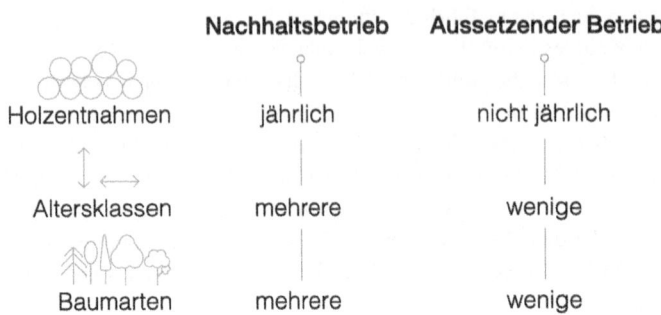

**Abb. 3.2** Unterschiede Nachhaltsbetrieb und aussetzender Betrieb. Grafik: Astrid van Kimmenade

sein Nachfolger) alle Bäume auf einmal fällt und in diesem einen Jahr – falls der Holzpreis stimmt – einen stattlichen Gewinn erzielt. Dann wird neu angepflanzt … und das Spiel beginnt von vorne.

Die beiden Begriffe „Aussetzender Betrieb" und „Nachhaltsbetrieb" werden auch heute noch oft verwendet, denn sie stellen nach wie vor zwei unterschiedliche Arten der Waldbewirtschaftung dar. Früher wurde ein Wald im aussetzenden Betrieb allerdings in den vielen Jahren, in denen keinerlei Einkünfte erzielt wurden, als Privatvermögen eingestuft. Seit der Entscheidung des Bundesfinanzhofes gilt diese alte Regel ebenfalls nicht mehr: Auch ein Wald im aussetzenden Betrieb gehört immer zum Betriebsvermögen!

Es gibt nur eine einzige Ausnahme, bei der Wald tatsächlich zum Privatvermögen gehört: Wenn Bäume auf einem Grundstück stehen, das in einem Bebauungsplan als Bauland festgesetzt ist. Allein das reicht jedoch nicht aus. Das Grundstück muss außerdem zumindest theoretisch auch sofort bebaut werden können und zusätzlich in Nachbarschaft zu Flächen liegen, auf denen tatsächlich schon eine Bebauung begonnen hat oder bereits durchgeführt wurde! Nur in diesem Fall ist ein Wald als Grundvermögen einzustufen und gehört damit zum Privatvermögen.

## 3.2 Wald ist selten nur eine Liebhaberei!

Wenn ein Finanzamt davon ausgeht, dass mit einem Betrieb dauerhaft kein Gewinn erzielt werden kann, dann besteht die Gefahr, dass der Betrieb als „Liebhaberei" eingestuft wird. Das Gleiche gilt auch, wenn der Besitzer des Betriebs aus persönlichen Gründen keine Gewinne erzielen will und entsprechend wirtschaftet.

In der steuerlichen Rechtsprechung ist dann die Rede von fehlender Gewinnerzielungsabsicht (das subjektive "Wollen") und fehlender Gewinnerzielungsmöglichkeit (das objektive "Können"). Falls das Finanzamt annimmt, dass eine von diesen beiden Möglichkeiten gegeben ist (oder beide), hat das klare steuerliche Folgen: Kosten, die durch den Betrieb entstehen, werden vom Finanzamt dann nicht mehr als betriebliche Ausgaben anerkannt. Die entstehenden steuerlichen Verluste können nicht mit positiven Einkünften, zum Beispiel aus Lohn und Gehalt, gegengerechnet werden.

Folgende Kriterien erhöhen die Gefahr, dass das Finanzamt einen Betrieb als Liebhaberei behandelt:

- wenn der Lebensunterhalt dauerhaft durch eine andere Beschäftigung (selbstständige Tätigkeit oder Festanstellung) finanziert wird
- wenn der Betrieb dauerhaft Verluste macht und trotzdem weder aufgegeben noch verändert wird
- wenn nicht abzusehen ist, dass die Summe der Einnahmen jemals die Summe der Ausgaben eines Betriebes überschreitet

Gewerbliche Unternehmen müssen in einem relativ kurzen Zeitraum aufzeigen, dass sowohl die Absicht als auch die Möglichkeit für Gewinne gegeben sind. Üblich sind hier drei bis fünf Jahre. Waldbesitz und Forstbetrieb stellen jedoch in vielerlei Hinsicht etwas Besonderes dar. Vom Anpflanzen bis zum Ernten eines Baumes vergehen einige Jahrzehnte. Bei langsam wachsenden Bäumen wie Eiche und Buche können schnell mehrere menschliche Generationen dazwischen liegen!

Deshalb wird bei Forstbetrieben die Gewinnerzielungsabsicht anhand der durchschnittlichen Zeitdauer errechnet, die zwischen Anpflanzung und Ernte liegt. Dafür wird die vorherrschende Art der Bäume berücksichtigt, aus denen der zu beurteilende Wald besteht.

Neben den Erträgen und den Aufwendungen in Zusammenhang mit dem Baumbestand berücksichtigen Finanzämter aber auch andere Faktoren wie beispielsweise die Entwicklung der Grundstückpreise. Weil in den vergangenen

Jahren die Preise für Waldflächen stark gestiegen sind, gehen Finanzämter aktuell nur in seltenen Ausnahmefällen von einer Liebhaberei aus, auch wenn im laufenden Betrieb jahrelang Verluste anfallen.

> **Beispiel**
>
> Simon kaufte seine Waldflächen von 3,5 ha für einen Preis von 5 € pro Quadratmeter. Insgesamt zahlte er also 175.000 €. In der Gegend, in der diese Waldflächen liegen, sind die Preise für Waldflächen in den letzten Jahren um durchschnittlich 5 % pro Jahr gestiegen.
> Mit dem Verkauf von Holz erlöst Simon jährlich durchschnittlich 5000 €. Die Kosten für die Pflege des Waldes durch den Waldbesitzerverein und weitere Ausgaben betragen jährlich durchschnittlich 7000 €.
> Simon macht beim laufenden Bewirtschaften seines Waldes also jedes Jahr Verluste, die er steuerlich geltend macht. Es gibt auch keine Anzeichen dafür, dass dies sich in der Zukunft ändern könnte. Das Finanzamt stuft seinen Forstbetrieb trotzdem nicht als Liebhaberei ein, weil die Wertsteigerung des Grundstückes über den Verlusten im laufenden Betrieb liegt.
> Die dahinterliegende Kalkulation: Der laufende Betrieb erzeugt bei 5000 € Einnahmen und 7000 € Ausgaben einen Verlust von 2000 €. Im gleichen Zeitraum steigt der Wert des Waldgrundstücks um 5 %, was umgerechnet auf 175.000 € eine Wertsteigerung von 8750 € bedeutet. Da der Wertzuwachs des Waldes beim Verkauf versteuert wird, hat Simon mit seinem Forstbetrieb zumindest aus Sicht des Finanzamtes 6750 € Gewinn gemacht ... und somit auch keinen Liebhaberei-Betrieb. Die Wertsteigerung des Waldes wird natürlich erst zum Zeitpunkt des Verkaufs als Veräußerungsgewinn versteuert. ◂

Wenn ein Forstbetrieb bei der Bewirtschaftung dauerhaft Verluste macht, ist es besonders wichtig, dass alle angegebenen Ausgaben auch direkt mit der Bewirtschaftung des Waldes zusammenhängen. Sobald der Verdacht besteht, dass Ausgaben möglicherweise auch für andere Zwecke als für die Bewirtschaftung des Waldes getätigt wurden, sieht das Finanzamt genauer hin.

Außerdem besteht die Gefahr, dass bei hohen Kosten und damit zusammenhängenden Verlusten das Finanzamt die Wertsteigerung des Grundstückes als nicht mehr ausreichend einschätzt und den Forstbetrieb daraufhin als Liebhaberei einstuft. Diese Gefahr droht insbesondere dann, wenn Preise für Waldgrundstücke einmal langsamer steigen, gleich bleiben oder gar sinken sollten.

## 3.2 Wald ist selten nur eine Liebhaberei!

Das ist jedoch zum aktuellen Zeitpunkt nicht zu erwarten. Somit bleibt es dabei, dass ein Forstbetrieb, der sich auf den Verkauf von Holz konzentriert, fast nie als Liebhaberei eingestuft wird. Anders sieht das aus, wenn andere Faktoren ins Spiel kommen.

### Beispiel

Stella hat eine größere Erbschaft gemacht. Weil sie leidenschaftliche Reiterin ist, kauft sie einen kleinen Wald mit Pferdehof, dazu zwei Pferde, mit denen sie jeden Tag ausreitet. Zweimal in der Woche gibt sie Kindern Reitunterricht gegen Entgelt. Trotz dieser Einkünfte macht Stella in den ersten Jahren hohe Verluste.

Das Finanzamt wird diese Verluste entweder von vornherein nicht anerkennen oder zunächst nur vorläufig anerkennen, um dann in einer Nachschau zu prüfen, ob Stella mit ihrer Tätigkeit überhaupt Gewinne erwirtschaften will und kann. Wenn es darum geht, mit einem Betrieb ein Hobby zum Beruf zu machen, prüft das Finanzamt besonders genau, weil bereits klar ist, dass auch private und nicht nur wirtschaftliche Gründe bei der Gründung eine Rolle gespielt haben.

Im vorliegenden Fall muss Stella damit rechnen, dass das Finanzamt ihre Tätigkeit als Liebhaberei einstuft. Dann wird sie Verluste im Zusammenhang mit ihrem Pferdehof nicht mit anderen Einkünften verrechnen können. ◄

Es gibt aber tatsächlich wenige Fälle, in denen auch ohne andere Faktoren ein Wald als Liebhaberei eingestuft wird. Das ist vor allem dann der Fall, wenn die äußeren Bedingungen eine wirtschaftliche Nutzung erschweren und damit auch den Wert des Grundstückes verringern.

### Beispiel

Janik hat eine größere Erbschaft gemacht und möchte einen Teil davon in ein Natur-Projekt investieren. Er kauft einen 2 ha großen Wald in einem Naturschutzgebiet. Der Wald liegt in einem Moor, welches nicht befahr- und begehbar ist. Holzernte ist in diesem Wald nicht möglich. Auch eine Wertsteigerung des Waldes ist aufgrund dieser Situation nicht zu erwarten. Trotzdem hat Janik im Zusammenhang mit dem Wald einige Kosten für Versicherungen und Beiträge zu zahlen.

Bei Janiks Forstbetrieb handelt es sich um eine Liebhaberei. Realistischerweise können keine Gewinne erzielt werden, auch nicht beim möglichen

Verkauf. Deshalb kann Janik keine in Zusammenhang mit diesem Wald entstehenden Kosten steuerlich geltend machen.◄

Kommen wir noch zu einem letzten Punkt: Lange Zeit war es weit verbreitet und üblich, kleine und kleinste Wälder automatisch als Liebhaberei einzustufen. Finanzämter hatten bei dieser Einordnung bundesweit unterschiedlich große Spielräume.

Die Entscheidung des Bundesfinanzhofes, die praktisch jeden Waldbesitz automatisch zu einem Forstbetrieb machte, legte aber auch fest, dass die Mindestgröße für einen Forstbetrieb bei 1 Hektar liegt. Mit anderen Worten: Sobald der Waldbesitz 100 × 100 m oder größer ausfällt, kann nicht mehr allein aufgrund der Größe festgelegt werden, dass es sich um eine Liebhaberei handelt.

Wenn ein Forstbetrieb als Liebhaberei eingestuft wurde, so führt das übrigens nicht dazu, dass eine Betriebsaufgabe angenommen wird. Eine solche Einstufung hat lediglich zur Folge, dass Verluste nicht mehr anerkannt werden. Eine weitere Folge: Holzverkäufe gelten als private Verkäufe und müssen nicht mehr versteuert werden. In Bezug auf die Einkommensteuer heißt das: Bis zum Verkauf des Waldes hat der Eigentümer eines Liebhaberei-Forstbetriebes gegenüber dem Finanzamt nichts mehr zu erklären!

Nicht alles, was in Zusammenhang mit einem Wald steht und einen wirtschaftlichen Wert hat, kann so eindeutig und klar berechnet werden wie die Einnahmen durch den Holzverkauf oder der Wertzuwachs des Grundstückes. Wenn beispielsweise eine Maschine oder ein Fahrzeug für die Bewirtschaftung gekauft wurde und die Anschaffungskosten vollständig abgeschrieben wurde, spielen sie während der laufenden Bewirtschaftung für die Einkommensteuererklärung keine Rolle mehr, können sich aber durchaus auf den Verkaufswert des gesamten Forstbetriebs auswirken. Solche Werte nennen sich stille Reserven.

3.2 Wald ist selten nur eine Liebhaberei!

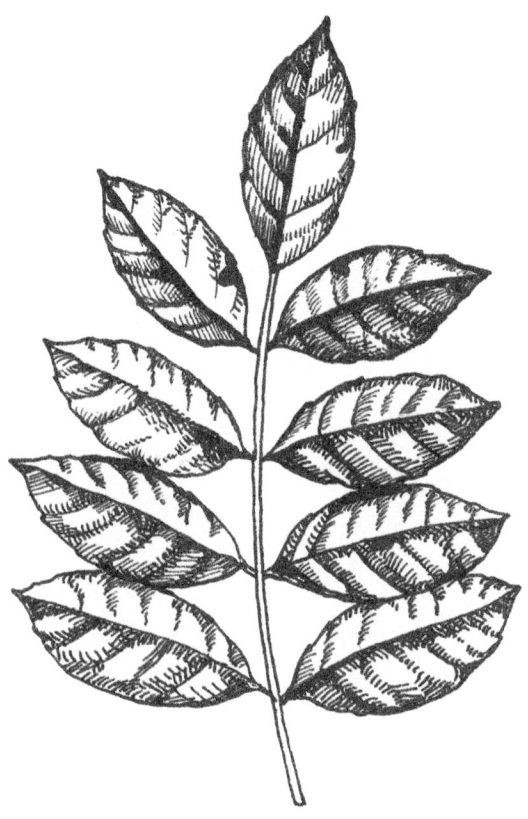

Esche. stock.adobe.com – Aleksandra Smirnova,
aufbereitet von Isabel Winckler

# Einkommensteuer beim Erwerb von Wald

**4**

Befassen wir uns nun Schritt für Schritt mit der Anmeldung und den Folgen, die Kauf, Erbe oder Schenkung von Wald für die Einkommensteuer mit sich bringen.

## 4.1 Steuerliche Anmeldung

Egal, ob Wald durch Kauf, Erbschaft oder Schenkung erworben wird: Aus steuerlicher Sicht besteht der erste Schritt darin, beim zuständigen Finanzamt einen Forstbetrieb anzumelden. Zuständig ist dabei immer das Finanzamt, in dem der Forstbetrieb liegt. Mit anderen Worten: Wenn der Wald nicht im Zuständigkeitsbereich des Finanzamtes liegt, das für den Waldbesitzer als natürliche Person zuständig ist, hat dieser es ab sofort mit zwei Finanzämtern zu tun.

Wie wir bereits erfahren haben, können aber durchaus auch mehrere Waldparzellen zu einem Forstbetrieb gehören. Außerdem können Waldstücke so gelegen sein, dass theoretisch mehrere Finanzämter zuständig wären. Zum Glück muss ein Forstbetrieb auch in einem solchen Fall nicht bei jedem dieser Finanzämter angemeldet werden: Zuständig ist dasjenige Finanzamt, in dessen Bereich der wertvollere Teil des Waldes oder der Waldparzellen liegt.

Die Anmeldung erfolgt über ein Formular, das unter anderem im Anhang dieses Buches zu finden ist. Alternativ kann die aktuelle Version unter www.formulare-bfinv.de heruntergeladen werden.

Theoretisch kann jeder diese Anmeldung selbst ausfüllen: Schließlich geht es um die steuerliche Erfassung, nicht um ein Genehmigungsverfahren, wo Fehler dafür sorgen könnten, dass die Genehmigung verweigert wird.

Trotzdem empfehlen wir, den Fragebogen für die Anmeldung gemeinsam mit einem Steuerberater auszufüllen. Denn viele Angaben werden für die zukünftige

© Der/die Autor(en), exklusiv lizenziert durch Springer Fachmedien Wiesbaden GmbH, ein Teil von Springer Nature 2021
T. Siegel und F. Siegel, *Besteuerung von privaten Wäldern*,
https://doi.org/10.1007/978-3-658-33163-4_4

Einordnung und Besteuerung des Waldes von großer Bedeutung sein. Insbesondere Fragen nach der Art der Gewinnermittlung und der Option zur Umsatzsteuer wirken sich langfristig und weitreichend aus. Deshalb sollten Waldbesitzer sehr genau prüfen, ob sie die Fragen wirklich verstehen und die Konsequenzen ihrer Antworten überschauen können. Zumindest dieses Buch sollten sie im Vorfeld sehr genau durchgearbeitet haben!

**Beispiel**

Otto wohnt in Grainbach in der Gemeinde Samerberg. Für seinen Wohnsitz ist das Finanzamt Rosenheim zuständig. Im Jahr 2020 kauft er 4 ha Kiefernwald in Uphusen (Niedersachsen) und lässt ihn von Landwirten vor Ort bewirtschaften.

Otto meldet seinen Forstbetrieb deshalb beim Finanzamt Verden an, in dessen Zuständigkeitsbereich Uphusen liegt. Das bedeutet: Gewinnermittlung und eventuelle Umsatzsteuer für Ottos Forstbetrieb laufen über das Finanzamt Verden. Dafür gibt Otto dort eine Feststellungserklärung ab, dazu die speziell für land- und forstwirtschaftliche Einkünfte vorgesehene Anlage L und eine Einnahme-Überschuss-Rechnung, die Ausgaben und Einnahmen auflistet. Daraufhin schickt das Finanzamt Verden einen Feststellungsbescheid, der festlegt, welchen Gewinn oder Verlust Otto mit seinem Forstbetrieb erzielt hat.

Diesen Feststellungsbescheid schickt das Finanzamt Verden gleichzeitig direkt an das Finanzamt Rosenheim. Denn für Ottos Einkommensteuererklärung bleibt weiterhin das Finanzamt Rosenheim zuständig. Otto muss dabei lediglich auf seine forstwirtschaftliche Tätigkeit hinweisen und angeben, dass hierfür das Finanzamt Verden zuständig ist. Das Finanzamt Rosenheim wird den vom Finanzamt Verden festgestellten Gewinn oder Verlust in die Einkommensteuerveranlagung von Otto übernehmen. ◄

Im Zusammenhang mit der Anmeldung muss auch ein Anlageverzeichnis (nach § 13a Absatz 7 Satz 3 EStG) erstellt werden. Darin geben Waldbesitzer insbesondere an, welche Grundstücke sie besitzen. Außerdem wird festgehalten, wann die Grundstücke erworben wurden und wie hoch die Anschaffungskosten waren. Außerdem wird dokumentiert, welchen Wert der Grund und Boden und welchen Wert der Baumbestand hat. Falls es neben den für die Betriebsverrichtungen nötigen Gebäuden noch weitere Gebäude gibt, man als Besitzer des Grundstücks besondere Rechte genießt oder zum Waldbesitz auch eine Beteiligung an Unternehmen (wie zum Beispiel einem Sägewerk) gehören, so werden diese ebenfalls aufgelistet. Einfach ausgedrückt: Das Anlageverzeichnis listet alles auf, was für den wirtschaftlichen Wert und den Geschäftsbetrieb des Forstbetriebes von Bedeutung ist.

In Bezug auf die Einkommensteuer spielen vor allem die festgehaltenen Anschaffungskosten eine wichtige Rolle, wenn ein Wald später einmal verkauft werden soll. Denn die Differenz zwischen Veräußerungspreis und Anschaffungskosten stellt den Veräußerungsgewinn dar und muss entsprechend versteuert werden.

Der Wert des Baumbestandes kann außerdem von Bedeutung sein, wenn alle Bäume auf einer Fläche gefällt werden (=Kahlschlag). Dazu später mehr.

## 4.2 Wald kaufen

Auf die Einkommensteuer wirkt sich der Kauf eines Waldes zunächst nicht aus. Die Anschaffungskosten für den Grund und Boden und auch die für den Baumbestand können nicht abgeschrieben werden.

**Beispiel**

Stefan ist angestellter Elektriker. Er hat von seinem Onkel einen größeren Geldbetrag geerbt und kauft sich davon 5 ha Wald. Der Kaufpreis beträgt 250.000 €. Dazu kommen die folgenden Nebenkosten: 8750 € Grunderwerbsteuer, 8925 € Maklergebühr sowie 4000 € Notar und Gerichtskosten.

Für die Einkommensteuer hat der Kauf zunächst weder positive noch negative Auswirkungen. Stefan gründet mit dem Kauf des Waldes einen neuen Forstbetrieb. Seine Anschaffungskosten für den Wald in Höhe von 271.675 € dokumentiert Stefan in seinem Anlageverzeichnis. Diese Anschaffungskosten können nicht abgeschrieben werden. Kauft Stefan später weitere Flächen hinzu, so erhöhen sich die Anschaffungskosten entsprechend. ◄

Wenn ein Waldgrundstück gekauft wird, dann teilt sich der Kaufpreis grundsätzlich in zwei Teile auf: Den Preis für den Grund- und Boden sowie den Preis für den Baumbestand (Fachbegriff: aufstehendes Holz). Es handelt sich dabei um zwei verschiedene Wirtschaftsgüter, und die Aufteilung hat große Bedeutung. Käufer und Verkäufer von Wald haben hier regelmäßig entgegengesetzte Interessen.

Der Grund: Verkäufer können beim Verkauf von Wald die Besteuerung der Veräußerungsgewinne vermeiden, wenn sie daraus Investitionen in einen Betrieb, ein Gewerbe oder eine freiberufliche Tätigkeit tätigen (nach § 6 b EstG). Dabei kann auch in Grund und Boden investiert werden, z. B. ein betriebliches Grundstück oder eine andere Waldfläche. Bei dem Anteil des Kaufpreises, der für den Baumbestand gezahlt wird, kann dagegen die Versteuerung des Gewinns nur durch Investitionen in Gebäude, Maschinen und Ausstattung vermieden werden.

Der Käufer wiederum hat ein großes Interesse daran, dass ein möglichst hoher Teil des Kaufpreises für den Baumbestand gezahlt wird. Denn dieser Wert bestimmt, welche Summe bei einem Kahlschlag abgeschrieben werden kann. Auch wenn das nicht geplant ist, müssen Waldbesitzer damit rechnen, dass Sturm oder Schädlinge einen Kahlschlag notwendig machen können. Dann ist es von großem Vorteil, wenn durch eine hohe Abschreibung Steuern gespart werden können und so mehr Kapital für die Aufforstung zur Verfügung steht.

Für die Berechnung von Steuern wird grundsätzlich die Aufteilung verwendet, die Käufer und Verkäufer im Kaufvertrag festgelegt haben. Zwar besteht die Möglichkeit, diese Aufteilung nachträglich vor Gericht anzupassen, wenn es dafür gute Gründe gibt (BFH v. 16.01.1971, BStBl II 1972, 451). Da dies aber selten den damit verbundenen Ärger und Aufwand wert ist, sollte von Anfang an eine faire Aufteilung angestrebt werden. Alternativ kann ein höherer Preis für den Grund und Boden als Argument genutzt werden, um den Preis für den Wald als Ganzes niedriger anzusetzen.

Falls Käufer und Verkäufer keine Vereinbarung bezüglich der Aufteilung der Kosten treffen können oder wollen, gibt die Bayerische Finanzverwaltung folgende Aufteilung vor (siehe Verfügung des BayLfSt vom 27.03.2014):

**Waldflächen bis 5 ha**
Beim Kaufpreis wird pauschal mit 40 % für den Grund und Boden und 60 % für den Baumbestand (=aufstehendes Holz) kalkuliert.

**Waldflächen 5 bis 10 ha**
Die Aufteilung erfolgt durch das zuständige Finanzamt. Dabei werden die von den Forstsachverständigen herausgegebenen Bestandswerttabellen berücksichtigt.

## 4.2 Wald kaufen

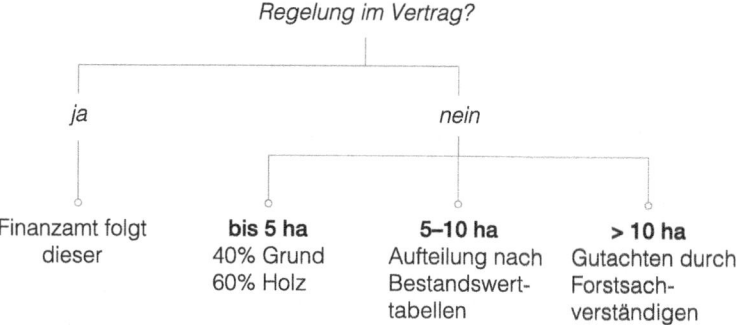

**Abb. 4.1** Aufteilung von Kosten beim Kauf von Wald. Grafik: Astrid van Kimmenade

**Waldflächen über 10 ha**
Hier erfolgt die Aufteilung durch den zuständigen Forstsachverständigen (Abb. 4.1).

Nehmen wir zur Verdeutlichung noch einmal das aus den vorherigen Kapiteln bereits bekannte Beispiel von Simon, der drei kleine Waldstücke gekauft hat.

> **Beispiel**
>
> Simon hat Waldstücke mit einer Gesamtfläche von 3,5 ha gekauft und dafür einen Kaufpreis von 175.000 € ausgehandelt. Wenn man die 3,5 % Grunderwerbsteuer (6125 €), die Notargebühren (1000 €) und Gebühren für die Justizkasse (300 €) dazurechnet, muss er insgesamt 182.425 € bezahlen.
>
> Da er mit dem Verkäufer keine Vereinbarung über die Aufteilung des Kaufpreises getroffen hat, wird diese Aufteilung entsprechend der Vorgaben der Bayerischen Finanzverwaltung vorgenommen. Weil das Grundstück kleiner als 5 ha ausfällt, entfallen also 40 % des Kaufpreises auf den Grund und Boden des Waldes (72.970 €) und 60 % auf den Baumbestand (109.455 €). Diese Aufteilung wirkt sich für Simon erst beim Verkauf und bei einem notwendigen oder erwünschten Fällen aller Bäume (Kahlschlag) aus. ◀

Ein wichtiger Hinweis vorab: Als frischgebackener Waldbesitzer benötigt man fast immer neue Ausrüstung, um den Wald bewirtschaften zu können. Wer seinen Betrieb nicht ausgerechnet am ersten Tag des Wirtschaftsjahres gründet, der sollte jedoch bedenken, dass in der ersten Einnahme-Überschuss-Rechnung bei der Abschreibung nur die Monate bis zum Beginn des nächsten Wirtschaftsjahres geltend gemacht werden dürfen. Gleiches gilt, wenn Wirtschaftsgüter während des Wirtschaftsjahres angeschafft werden.

## 4.3 Wald erben oder geschenkt bekommen

Wenn ein Wald unentgeltlich durch Schenkung oder Erbschaft übertragen wird, so gilt grundsätzlich die steuerliche Fußstapfen-Theorie. Diese besagt, dass der Rechtsnachfolger in die steuerlichen Fußstapfen des Rechtsvorgängers tritt. Anders ausgedrückt: Alle Rechte, Pflichten, Buchwerte und Abschreibungen, die für den ehemaligen Besitzer galten, gelten jetzt auch für den neuen Besitzer des Waldes.

### Beispiel

Jaqueline erbt von ihrem Onkel zum 01.01.2020 einen Forstbetrieb. Im Betriebsvermögen dieses Betriebs befindet sich ein Traktor, den der Onkel am 01.01.2018 für 30.000 € angeschafft hat. Der Traktor wird über sechs Jahre abgeschrieben.

Der Onkel konnte für die Jahre 2018 und 2019 jeweils 5000 € (30.000 € geteilt durch sechs) Abschreibung geltend machen. Der Buchwert des Traktors beträgt zum Todestag also noch 20.000 € (30.000 € abzüglich 10.000 €). Jaqueline führt diesen Buchwert fort und kann für ihren Forstbetrieb bei den Einnahmen-Überschuss-Rechnungen in den Jahren 2020, 2021, 2022 und 2023 jeweils 5000 € Abschreibung geltend machen. ◄

Auch das oben erwähnte Anlageverzeichnis wird vom Vorbesitzer übernommen. Für Wälder, die sich schon seit Jahren im Besitz der Familie befinden, sind die Anschaffungskosten allerdings oft schwer ermittelbar. Hier hat der Gesetzgeber eine vereinfachende Billigkeitsregelung geschaffen. Die Anschaffungskosten für Wälder, die sich vor dem 01.07.1970 im Betriebsvermögen befanden, werden die Anschaffungskosten pauschal mit 1,02 € pro qm angesetzt (gem. § 55 Abs. 2 Satz 2 Nr. 2 EstG). Der Wert der Bäume (aufstehendes Holz) wird über ein pauschaliertes Verfahren aus dem Einheitswert abgeleitet.

## 4.3 Wald erben oder geschenkt bekommen

**Beispiel**

Karl hat Waldflächen von seinem Vater geerbt, die beim Vater schon vor dem 01.07.1970 Betriebsvermögen dargestellt haben. Steuerliche Unterlagen vom Vater sind nicht mehr auffindbar, auch die Anschaffungskosten des Vaters lassen sich nicht mehr nachvollziehen.

Karl kann als Anschaffungskosten pauschal EUR 1,02 pro Quadratmeter Waldboden ansetzen. Der Wert des Holzes wird über ein pauschaliertes Verfahren aus dem Einheitswert abgeleitet.

Die so für Karl ermittelten Anschaffungskosten für den Grund und Boden und für den Baumbestand haben zunächst keine steuerliche Auswirkung. Wichtig werden diese Werte erst, wenn der Wald verkauft wird oder es zu einem Kahlschlag kommt. ◄

Bei Schenkungen und Erbschaften ist es besonders wichtig, dass Anschaffungskosten und der Wert des Baumbestandes im Anlageverzeichnis vermerkt werden. Nur auf diese Weise sind diese Werte auch Jahrzehnte später noch präsent und können steuerlich geltend gemacht werden. Denn beim Steuerrecht liegt die Beweislast immer beim Steuerpflichtigen – also beim Waldbesitzer und nicht beim Finanzamt!

Fichte. stock.adobe.com – ruskpp, aufbereitet von Isabel Winckler

# Einkommensteuer im laufenden Forstbetrieb

5

Wie in den Grundlagen zur Einkommensteuer ausführlich erklärt, muss ein Waldbesitzer für die Einkommensteuer im laufenden Betrieb folgende Dinge als gegeben ansehen:

1. Waldbesitzer haben fast immer automatisch auch einen **Forstbetrieb**
2. Wald gehört fast immer zum **Betriebsvermögen,** nicht zum Privatvermögen
3. Waldbesitz läuft beim Finanzamt **nur in wenigen Ausnahmefällen als Liebhaberei** und muss somit auch fast immer im Rahmen der Einkommensteuererklärung berücksichtigt werden.

Normalerweise hat ein Waldbesitzer also einen Forstbetrieb, der nicht als Liebhaberei eingestuft wurde und bei dem der Wald zum Betriebsvermögen gehört. Solche Forstbetriebe werden gewöhnlich als Einzelunternehmen oder als GbR geführt.

Unabhängig von der Rechtsform bestehen für Forstbetriebe drei Möglichkeiten, wie sie Gewinne ermitteln und versteuern können, von denen zwei Möglichkeiten für kleine Forstbetriebe infrage kommen. Um zu entscheiden, welche dieser Möglichkeiten im individuellen Fall die günstigere ist, werden zunächst alle Einnahmen und alle Ausgaben aufgelistet. Die Ausgaben werden von den Einnahmen abgezogen. Das daraus folgende Ergebnis entspricht dem Gewinn oder dem Verlust, den der Forstbetrieb erzielt hat.

Der Gewinn eines Forstbetriebes wird – genau wie bei anderen Unternehmen auch – jeweils für ein Wirtschaftsjahr ermittelt (Abb. 5.1). Für Land- und Forstwirte ist dieses Wirtschaftsjahr grundsätzlich auf den Zeitraum vom 1. Juli bis

© Der/die Autor(en), exklusiv lizenziert durch Springer Fachmedien
Wiesbaden GmbH, ein Teil von Springer Nature 2021
T. Siegel und F. Siegel, *Besteuerung von privaten Wäldern,*
https://doi.org/10.1007/978-3-658-33163-4_5

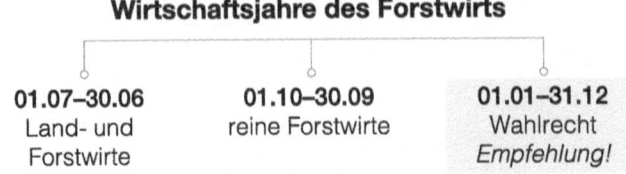

**Abb. 5.1** Wirtschaftsjahr für Forstwirte. Grafik: Astrid van Kimmenade

zum 30 Juni festgelegt (§ 4 a Abs. 1 Nr. 1 EStG). Reine Forstbetriebe können auch den Zeitraum vom 01.10. bis zum 30.09. oder das Kalenderjahr als Wirtschaftsjahr wählen (§ 8 c EStDV).

Wir empfehlen Besitzern kleinerer Forstwirtschaften immer, das Kalenderjahr als Wirtschaftsjahr zu wählen. Denn damit entspricht der Gewinnermittlungszeitraum dem üblichen Steuerjahr bei der Einkommensteuer, was die Erstellung der Einkommensteuererklärung und der Umsatzsteuererklärung erheblich vereinfacht.

**Beispiel**

Sonja kauft sich zum 01.03.2020 ein Waldgrundstück und begründet damit einen Forstbetrieb. Sie wählt bei der Anmeldung des Betriebes beim Finanzamt das Kalenderjahr als Wirtschaftsjahr.
Für die Zeit vom 01.03.2020–31.12.2020 hat Sonja ein sogenanntes Rumpf-Wirtschaftsjahr. Für Anschaffungen, die über mehrere Jahre abgeschrieben werden, kann sie in diesem Jahr nur eine anteilige Abschreibung für den Zeitraum von 10 Monaten anrechnen. Das erste volle Wirtschaftsjahr läuft vom 01.01.2021–31.12.2021.◄

Wichtiger Hinweis: Wer seit längerer Zeit Wald besitzt, aber bisher noch keinen Forstbetrieb beim Finanzamt angemeldet hat und auch keine Einnahmen und Ausgaben erklärt hat, der sollte sich baldmöglichst zu einem versierten Steuerberater begeben. Dies sollte man nicht nur tun, um sich vor möglichen Schäden zu schützen, sondern auch, um steuerliche Vorteile geltend zu machen.

## 5.1 Gewinnermittlung für Forstbetriebe

Forstwirten stehen drei Arten der Gewinnermittlung offen (Abb. 5.2):

## 5.1 Gewinnermittlung für Forstbetriebe

Abb. 5.2  Gewinnermittlung für Forstwirte im Überblick. Grafik: Astrid van Kimmenade

**Bilanzierung (gem. § 4 Abs. 1 EStG)**
Diese Gewinnermittlungsart ist relativ aufwendig und kommt bei kleineren Forstbetrieben fast nie vor. Sie ist erst ab einem Umsatz von über 600.000 € und einem Gewinn über 60.000 € verpflichtend, was deutlich macht, dass sie für große Forstbetriebe gedacht ist.

**Einnahmen-Überschussrechnung (gem. § 4 Abs. 3 EStG)**
Bei dieser Art der Gewinnermittlung werden Einnahmen und Ausgaben jeweils zusammengerechnet und dann die Ausgaben von den Einnahmen abgezogen. Diese Methode ist insbesondere dann zu empfehlen, wenn die Ausgaben höher liegen als die Einnahmen, denn Verluste lassen sich bei dieser Methode einfach geltend machen.

Wenn der Forstwirt als Einzelunternehmer firmiert, versteuert er den Gewinn bzw. den Verlust alleine. Gibt es mehrere Eigentümer, so werden Gewinn oder Verlust entsprechend des jeweiligen Anteils des Beteiligten am Wald berechnet.

> **Beispiel**
>
> Gerald erbt zusammen mit seinen zwei Schwestern Wald von einem Onkel. Jeder der drei ist jeweils zu einem Drittel an dieser Erbengemeinschaft beteiligt. In diesem Fall wird zunächst der Gewinn aus dem Forstbetrieb durch Gegenüberstellung aller Einnahmen und Ausgaben errechnet. Im Jahr 2019 beträgt der Gewinn 9000 €.

Dieser Gewinn wird dann auf die Eigentümer aufgeteilt. Gerald und seine zwei Schwestern müssen also jeweils 3000 € Gewinn aus dem Forstbetrieb in ihrer Einkommensteuererklärung angegeben. Gerald versteuert den Gewinn zusammen mit all seinen anderen Einnahmen. ◄

Anders sieht es aus, wenn der Wald in Besitz einer Kapitalgesellschaft wäre, beispielsweise einer GmbH oder einer AG. Da dies bei kleineren Forstbetrieben praktisch nicht vorkommt und Kapitalgesellschaften ihre Finanzen fast immer über Steuerberater abwickeln, wird auf diese Möglichkeit im Rahmen dieses Buches nicht eingegangen.

**Pauschalierung (gem. § 13 a EStG)**
Für Forstbetriebe mit weniger als 50 ha bewirtschafteter Fläche besteht auch die Möglichkeit, Betriebsausgaben pauschaliert geltend zu machen (gem. § 13a EStG i. V. m. § 51 EStDV). Diese Pauschale errechnet sich als Prozentsatz von den Erlösen, die mit dem Verkauf des Holzes erzielt werden.

Der Vorteil dieser Art der Gewinnermittlung: Sie ist extrem einfach! Ein Nachteil ist dagegen, dass mit diesen Pauschalen alle Betriebsausgaben abgegolten sind. Die einzigen Kosten, die zusätzlich zu den Pauschalen beim Holzverkauf angegeben werden können, sind Kosten für die Aufforstung ... und das auch nur, wenn diese nicht nach einem Kahlschlag anfallen, denn dann gelten andere Regelungen (Abschn. 5.5).

Waldbesitzer können sich jedes Jahr neu entscheiden, welche Art der Gewinnermittlung sie in Anspruch nehmen möchten. Man ist also an keine Entscheidung langfristig gebunden. Deshalb empfiehlt es sich, jedes Jahr aufs Neue zu prüfen, welche Form der Gewinnermittlung für das jeweilige Wirtschaftsjahr am günstigsten ist. Im Normalfall wird es die Einnahme-Überschussrechnung sein. Aber für welchen Weg man sich auch entscheidet: Die Einnahmen müssen in jedem Fall festgehalten werden.

---

**Beispiel**

Sonja hat mit dem Kauf ihres Waldes am 01.03.2020 einen Forstbetrieb gegründet. Sie rechnet in den ersten Jahren mit Verlusten aus ihrer forstwirtschaftlichen Tätigkeit. Im Fragebogen zur steuerlichen Erfassung beim Finanzamt gibt Sonja deshalb an, den Gewinn im Rahmen einer Einnahmen-Überschussrechnung ermitteln zu wollen.

Trotz dieser Angabe im Fragebogen kann sich Sonja jedes Jahr neu entscheiden, ob sie die Betriebsausgaben pauschal ansetzen will oder in Höhe des tatsächlichen Anfalls. ◄

## 5.2 Einnahmen

Um beurteilen zu können, welche Form der Gewinnermittlung im konkreten Fall die günstigere ist, muss zunächst geklärt werden, welche Einnahmen und welche Ausgaben in die Berechnung einbezogen werden müssen. Beschäftigen wir uns zunächst mit den Einnahmen.

Da Betriebseinnahmen im Einkommensteuergesetz nicht definiert wurden, greift die Rechtsprechung auf die Definition der Betriebsausgaben (§ 4 Absatz 4 Einkommensteuergesetz) zurück. Danach sind Betriebseinnahmen alle Zugänge von Wirtschaftsgütern in Form von Geld oder Geldeswert, die durch den Betrieb veranlasst sind (BFH III R 175/85 BStBl II 88, 995).

Die Haupteinnahmequelle eines Forstwirtes ist natürlich der Verkauf von Holz. Dabei ist es wichtig zu unterscheiden und aufzuzeigen, ob Erlöse aus Holzverkäufen von einer ordentlichen oder von einer außerordentlichen Holznutzung stammen. Denn bei einer außerordentlichen Nutzung gibt es steuerliche Vergünstigungen, was für die Wirtschaftlichkeit des Forstbetriebs entscheidend sein kann.

Es ist übrigens egal, ob das Holz an einen professionellen Holzhändler oder an Privatleute verkauft wird, die damit ihren Brennholzbedarf decken ... und es ist auch egal, ob die Vergütung in Form von Geld oder auf andere Weise erfolgt. All das ändert nichts daran, dass die Einnahmen aus dem Holzverkauf versteuert werden müssen.

Letztlich ändert sich nur die Art und Weise der Abrechnung. Wenn beispielsweise der Forstwirt Holz an einen Landwirt verkauft, der daraus Hackschnitzel erstellt, und dieser Landwirt im Gegenzug mit seinen schweren Maschinen gefällte Bäume aus dem Wald holt (in der Fachsprache als Rückearbeiten bezeichnet), so handelt es sich um ein Tauschgeschäft. Wer jedoch glaubt, dass es in diesem Fall nichts zu versteuern gibt, der irrt! Vielmehr muss die Arbeit, die der Landwirt leistet, bewertet und als Einnahme angegeben werden.

**Beispiel**

Simon verkauft an einen Landwirt Holz im Wert von 3000 €, das er selbst geschlagen hat. Da Simon über keinen Traktor und keinen Rückewagen verfügt, übernimmt der Landwirt die Aufgabe, das geschlagene Holz aus dem Wald zu holen. Der Wert dieser Arbeiten beträgt 1000 €. Der Landwirt überweist Simon 2000 €.

In der Gewinnermittlung verzeichnet Simon Betriebseinnahmen von 3000 € für den Holzverkauf. Wenn er seine Betriebsausgaben nicht pauschaliert, kann er für die Rückearbeiten des Landwirtes 1000 € als Betriebsausgabe geltend machen. Simon erinnert den Landwirt daran, dass er nicht „vergessen" sollte, seinerseits die 1000 € als Betriebseinnahme für die durchgeführten Rückearbeiten in seine Einkommensteuererklärung aufzunehmen. ◂

Sehr häufig werden kleinere Wälder erworben, um den privaten Brennholzbedarf zu decken. Steuerlich gesehen handelt es sich hierbei um sogenannte Sach-Entnahmen (gemäß § 4 Absatz 1 Satz 2 EStG). Auch hier wäre es ein Fehler zu glauben, dass diese Entnahmen keine Bedeutung für die Einkommensteuer haben. Vielmehr stellen diese Entnahmen Einnahmen dar, die den Gewinn eines Forstbetriebes erhöhen.

Entnahmen sind (gemäß § 6 Absatz 1 Nr. 4 EStG) mit dem Teilwert zu bewerten: Das entspricht dem Wert, den das Holz üblicherweise auf dem Markt erzielen würde. Wegen der hohen Nachfrage nach Brennholz sind die Preise in den letzten Jahren stark gestiegen. Die Finanzämter erkennen teilweise Pauschalen an, mit denen der Wert des entnommenen Brennholzes berücksichtigt wird. Je nachdem, wie viele Haushalte in welcher Größe mit dem Brennholz beheizt werden, liegt dieser Pauschalsatz zwischen 360 und 1000 €. In jedem Fall ist es sinnvoll, sich mit dem für den Forstbetrieb verantwortlichen Finanzamt in Verbindung zu setzen und einen individuellen Pauschalsatz auszuhandeln, der sich in angemessener Weise an dem Umfang der Entnahme orientiert.

Soweit zum Verkauf und der Entnahme von Holz. Tatsächlich kann ein Forstbetrieb aber noch weitere Einnahmen erzielen. Dazu gehören alle Zuschüsse und Förderungen, die von staatlichen und halbstaatlichen Stellen bezahlt werden. Sie müssen ebenfalls als Einnahmen des Forstbetriebes aufgeführt werden.

Theoretisch kann ein Wald noch in vielerlei anderer Hinsicht genutzt werden. Als Beispiele seien hier nur Waldkindergärten, die Vermietung für Outdoor-Erlebnis-Camps oder Waldfriedhöfe genannt ... letztlich sind hier der Kreativität keine Grenzen gesetzt! Sofern damit noch kein Übergang zum Gewerbebetrieb gegeben ist (Abschn. 2.4), stellen die Einnahmen für derartige Nutzungsformen selbstverständlich auch Einnahmen aus der Forstwirtschaft dar und sind entsprechend steuerlich zu erfassen.

**Beispiel**

Simon hat seinen Wald 2019 vielfältig genutzt. Nach Prüfung seiner Unterlagen und der Zahlungseingänge auf seinem Bankkonto stellt er folgende Liste von Einnahmen auf:

| | |
|---|---|
| Erlöse Holzverkauf | 1500 € |
| Verkauf privater PKW (wurde genutzt, um zweimal im Jahr in den nahe gelegenen Wald zu fahren. Auto wurde fünf Jahre gefahren) | 5000 € |
| Jagdpacht | 200 € |
| Verkauf einer gebrauchten Rhodener Haue (forstwirtschaftliches Pflanzwerkzeug) | 70 € |
| Aufforstungsprämie vom Forstamt | 500 € |

Der Verkauf des PKW spielt für die betrieblichen Einnahmen des Forstbetriebes keine Rolle, denn der PKW zählt steuerlich zu Simons Privatvermögen. Die geringe betriebliche Nutzung führt nicht dazu, dass das Fahrzeug Betriebsvermögen wird (mehr dazu hier: Abschn. 5.4.5.4). Alle anderen Posten sind betriebliche Einnahmen.

Simon beheizt außerdem sein Einfamilienhaus mit einer Wohnfläche von 150 qm komplett mit Holz aus seinem Wald. Deshalb muss er den Wert des privat verbrauchten Brennholzes als Einnahme berücksichtigen. Er setzt hierfür 360 € an, weil er nur schadhaftes Fichtenholz und kein hochwertiges Hartholz wie Buche dafür entnimmt. Damit kommt Simon mit seinem Forstbetrieb auf Einnahmen von insgesamt 2630 €.◄

## 5.3 Einnahmen durch Wald im Ausland

Der deutsche Fiskus kann grundsätzlich nur Gewinne aus Waldflächen besteuern, die sich in Deutschland befinden. Für Waldflächen im Ausland hat normalerweise nur der ausländische Staat das Besteuerungsrecht. Es gibt jedoch Ausnahmen, nämlich dann, wenn kein zwischenstaatliches Abkommen zur Vermeidung der Doppelbesteuerung besteht. Wenn es kein solches Doppelbesteuerungsabkommen gibt oder dieses nicht für Forstbetriebe gilt, darf der deutsche Staat auch ausländische Forsteinkünfte besteuern! Deshalb ist es sehr wichtig, sich beim Erwerb von Waldbesitz im Ausland sowohl aus deutscher als auch aus ausländischer Sicht beraten zu lassen.

> **Beispiel**
>
> Zacharias hat seinen Wohnsitz in Deutschland und kauft sich in Kolumbien 100 ha Wald, aus dem er Gewinne erzielt. Mit Kolumbien hat Deutschland allerdings nur ein Abkommen zur Vermeidung der Doppelbesteuerung in der Schifffahrt und der Luftfahrt! Deshalb muss Zacharias seine fortwirtschaftlichen Gewinne sowohl in Kolumbien als auch in Deutschland versteuern.
>
> Zacharias hat 10.000 € mit dem Wald in Kolumbien verdient. Da er in Kolumbien keine Steuern bezahlt hat, greift auch keine Anrechnung ausländischer Steuern auf die deutsche Einkommensteuer. Deshalb muss Zacharias die 10.000 € zusätzlich zu seinen Einkünften in Deutschland erklären und versteuern. ◄

## 5.4 Betriebsausgaben

Der Gesetzgeber ist bemüht, den Begriff der Betriebsausgabe möglichst genau zu definieren. Dementsprechend handelt es sich bei Betriebsausgaben um Aufwendungen, die durch den Betrieb veranlasst sind. Nur solche betrieblich veranlassten Aufwendungen dürfen steuerlich geltend gemacht werden (§ 4 Absatz 4 EStG). Eigentlich banal! In der Praxis fällt diese Zuordnung aber durchaus nicht immer leicht.

Zu den Rahmenbedingungen: Betriebsausgaben dürfen nur in dem Wirtschaftsjahr abgezogen werden, in dem die Ausgabe auch tatsächlich getätigt wurde. Als Nachweis dafür können eine Quittung, eine Überweisung oder eine Rechnung dienen.

Was aber tun, wenn es keinen solchen Nachweis gibt? Theoretisch könnte man in diesem Fall einen sogenannten „Eigenbeleg" einreichen. Aber Vorsicht: Diese Möglichkeit sollte wirklich nur im Notfall genutzt werden! Da hier leicht manipuliert werden kann, werden Eigenbelege oft abgelehnt oder führen zu einer Betriebsprüfung, die praktisch immer hohe Kosten mit sich bringt. In jedem Fall sollte der Eigenbeleg den exakten Zahlungsbetrag, das Zahlungsdatum, die genaue

Anschrift des Zahlungsempfängers, den Anlass der Zahlung sowie den Grund für den Eigenbeleg (z. B. Verlust der Quittung) festhalten und mit der eigenen Unterschrift bekräftigt werden.

Das Schöne an der Forstwirtschaft ist, dass die Natur den Hauptteil der Arbeit im Wald übernimmt. Deswegen ist die Anzahl der notwendigen Investitionen recht übersichtlich. Bei der Höhe der laufenden Kosten sieht das leider etwas anders aus.

Wie bereits erwähnt, gibt es drei Formen der Gewinnermittlung für Forstbetriebe. Die Bilanzierung ist aufwendig und für große Forstbetriebe gedacht. Sie spielt für kleinere Forstbetriebe praktisch keine Rolle.

Somit bleiben dem Forstwirt zwei Möglichkeiten: Die pauschalierte Gewinnermittlung und die Gewinnermittlung per Einnahme-Überschuss-Rechnung. Diese beiden Methoden unterscheiden sich hauptsächlich darin, wie sie mit Betriebsausgaben umgehen.

### 5.4.1 Pauschalierte Gewinnermittlung

Wie es der Name schon nahelegt, werden bei der pauschalierten Gewinnermittlung Betriebsausgaben pauschal berechnet (Abb. 5.3): Beim Holzverkauf darf der Forstwirt 55 % der Einnahmen als Ausgaben abziehen. Auch Entnahmen von Holz für private Zwecke sowie Zuschüsse und Entschädigungen für entgangene Einnahmen gehören dazu.

Diese Pauschale verringert sich, wenn der Käufer die Bäume selbst fällt und abtransportiert (vom Stamm verkauft). Weil beim Verkäufer in diesem Fall keine Kosten für die Fällung und Rückung der Bäume anfallen, darf er nur noch 20 % der Einnahmen als Betriebsausgabe einkalkulieren.

Mit den Pauschalen gelten alle Betriebsausgaben als abgegolten, die im betreffenden Wirtschaftsjahr bezahlt wurden. Davon ausgenommen sind lediglich Kosten für die Wiederaufforstung im Rahmen einer normalen Durchforstung: Diese dürfen zusätzlich zu den Betriebsausgabenpauschalen geltend gemacht werden. Das gilt jedoch nicht für Aufforstungen nach einem Kahlschlag: Hier gelten besondere Regeln, auf die später noch eingegangen wird.

Wichtig ist in diesem Zusammenhang, dass die Pauschalen nicht für Betriebsausgaben gelten, die im betreffenden Jahr zwar entstanden, aber noch nicht bezahlt worden sind! Ein Forstwirt kann also auf legale Weise sein steuerliches Ergebnis optimieren, indem er durch gezielte Verzögerung der Bezahlung seine betrieblichen Ausgaben in einem Jahr mit pauschalierter Gewinnermittlung

**Abb. 5.3** Übersicht pauschalierte Gewinnermittlung. Grafik: Astrid van Kimmenade

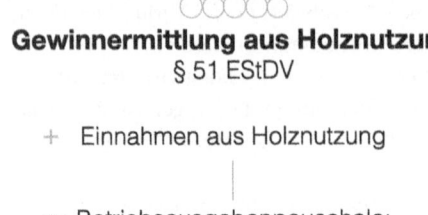

**Gewinnermittlung aus Holznutzung**
§ 51 EStDV

+ Einnahmen aus Holznutzung

− Betriebsausgabenpauschale:
 *55% oder 20% (vom Stamm)*

− Kosten Aufforstung

− Buchwert Holz

= **Gewinn** €

minimiert und im folgenden Jahr, wenn durch die verzögerte Zahlung besonders hohe betriebliche Ausgaben zusammenkommen, zur Gewinnermittlung per Einnahme-Überschuss-Rechnung wechselt.

Außerdem wichtig zu wissen: Die Pauschalen dürfen nur auf Grundlage der Holzverkäufe ermittelt werden! Für alle anderen Formen von Einnahmen können bei dieser Form der Gewinnermittlung somit keine pauschalen Betriebsausgaben abgezogen werden! Das gilt zum Beispiel für Zuschüsse für die Wiederaufforstung, aber auch für andere Einnahmen.

### Beispiel

Simon hat Glück: Sein Wald ist ein reines Steinpilz-Eldorado! Er verkauft die Steinpilze an den örtlichen Feinkosthändler. Da er keine größeren Ausgaben hatte, möchte er gerne die pauschalierten Betriebsausgaben geltend machen.

Für die Einnahmen, die Simon mit den Steinpilzen erzielt, kann Simon jedoch keine Betriebsausgabenpauschale geltend machen, weil die Einnahmen nicht aus Holzverkäufen stammen. ◄

Die pauschalierte Gewinnermittlung spielt aber noch in anderen Fällen eine Rolle: Bei Großschadensereignissen wie Stürmen kann die Bundesregierung

## 5.4 Betriebsausgaben

über eine Rechtsverordnung den regulären Holzeinschlag für bestimmte Wirtschaftsjahre beschränken. Dies wird im sogenannten Forstschädenausgleichsgesetz (FAG) geregelt. In einem solchen Wirtschaftsjahr kann der Forstwirt statt den oben genannten Betriebsausgabenpauschalen deutlich höhere Pauschalen geltend machen, nämlich 90 % für das gesamte verkaufte Holz und 65 % beim Verkauf vom Stamm. (§ 4 FAG). Auf diesen Sonderfall gehen wir später noch einmal ausführlicher ein (Abschn. 5.5.2).

### 5.4.2 Gewinnermittlung per Einnahmen-Überschuss-Rechnung (EÜR)

Die tatsächlich getätigten Betriebsausgaben spielen vor allem eine Rolle, wenn ein Forstwirt sich entschließt, Gewinne im Rahmen einer Einnahmen-Überschuss-Rechnung zu ermitteln. In diesem Fall werden alle Einnahmen und Ausgaben im Wirtschaftsjahr in separaten Aufzeichnungen zusammengefasst. Anschließend werden die Ausgaben von den Einnahmen abgezogen. Das Ergebnis entspricht dem Verlust oder dem Gewinn, der bei der Einkommensteuer geltend gemacht werden muss.

Grundsätzlich müssen alle Betriebseinnahmen und Betriebsausgaben in dem Wirtschaftsjahr geltend gemacht werden, in denen sie bezahlt wurden. Eine Ausnahme gilt bei der Anschaffung von hochpreisigen Wirtschaftsgütern, die für eine langfristige Nutzung vorgesehen sind: Darauf gehen wir weiter später noch genauer ein.

Die betrieblich veranlassten Aufwendungen sind grundsätzlich voll abziehbar. Dazu gehören übrigens auch Kosten für Dienstleistungen! Wenn also beispielsweise eine Firma Pflanzarbeiten durchführt oder (wie bereits in einem Beispiel erwähnt) ein Landwirt Rückearbeiten übernimmt, so können die Kosten dafür als Betriebsausgaben angegeben werden.

Die Ausnahmen: Wie bei der pauschalierten Gewinnermittlung gelten auch bei der Einnahmen-Überschuss-Rechnung besondere Regeln für die Erstaufforstung oder die Aufforstung nach einem Kahlschlag. Und auch alle Eigenleistungen sind steuerlich nicht abziehbar. Dabei ist es egal, ob der Forstwirt persönlich Arbeiten übernimmt oder ob Familienmitglieder, Freunde oder andere „Zwangsverpflichtete" diese Arbeiten erledigen.

> **Beispiel**
>
> Nach der regulären Durchforstung seines Waldes pflanzt Simon nach Ratschlag seines Revierförsters 800 Pflanzen und hat damit folgende Ausgaben:
>
> | | |
> |---|---|
> | 800 Buchen, nacktwurzelnd | 1600 € |
> | 800 Pflanzhüllen als Verbissschutz | 3200 € |
> | 800 Akazienstäbe zum Fixieren der Hüllen | 400 € |
> | **Gesamt** | **5200 €** |
>
> Diese 5200 € kann Simon im Jahr der Zahlung als Betriebsausgabe angeben. Seine eigene Arbeitszeit für die Pflanzarbeiten kann er steuerlich jedoch nicht gewinnmindernd geltend machen. ◂

Bei teuren Wirtschaftsgütern, die der Forstwirt mehrere Jahre nutzen kann, darf der Betrag im Jahr der Anschaffung nicht komplett, sondern nur zu einem gewissen Anteil angerechnet werden (gem. § 7 Abs. 1 i. V. m. § 4 Abs. 3 Satz 3 EStG). Die Anschaffungskosten für das Wirtschaftsgut werden auf mehrere Jahre gleichmäßig aufgeteilt und führen somit über die gesamte Nutzungsdauer hinweg zu betrieblich abzugsfähigen Aufwendungen. In der Fachsprache spricht man von Absetzung für Abnutzung (AfA) oder Abschreibung.

Der Zeitraum, über den die Anschaffungskosten eines Wirtschaftsgutes abgeschrieben werden, orientiert sich dabei an der „betriebsgewöhnlichen Nutzungsdauer", die in einer von der Finanzverwaltung herausgegebenen Tabelle (der sogenannten AfA-Tabelle) festgehalten ist. Die AfA-Tabelle zur Nutzungsdauer von Wirtschaftsgütern des Wirtschaftszweiges „Forstwirtschaft" findet sich im Anhang.

Die Liste typischer forstlicher Wirtschaftsgüter ist vielfältig: Dazu gehören die Herstellung von Fahr- und Maschinenwegen, Rodungs- und Pflanzmaschinen, Sägen, Zäune, Schlepper, Freischneidegeräte und vieles andere mehr.

Schwierig wird es bei Ausgaben, die für den Forstbetrieb getätigt werden, aber zugleich auch für andere Zwecke verwendet werden können. Das gilt in besonderem Maße, wenn diese anderen Zwecke privater Natur sein können. Dazu gehören zum Beispiel Kosten für Telefon, Porto, Verpflegungsmehraufwand, Bewirtung, Geschenke oder Reisekosten für forstliche Erkundungen. Diese kann man grundsätzlich als Ausgaben für den Forstbetrieb geltend machen. Allerdings muss glaubhaft dargelegt werden, dass die Ausgaben auch tatsächlich betrieblich veranlasst sind. Wir raten an dieser Stelle zur Vorsicht! Wenn nicht eindeutig zuzuordnende Ausgaben dafür sorgen, dass ein Forstbetrieb Verluste macht, die

## 5.4 Betriebsausgaben

beispielsweise mit Einkünften aus Arbeitseinkommen verrechnet werden sollen, so steigert dies die Chance, dass das Finanzamt in eine tiefere Prüfung einsteigt. Wegen Personalmangel kann das Finanzamt solche Aufwendungen oft einige Jahre durchgehen lassen. Irgendwann wird es den Damen und Herren aber zu bunt: Dann ordnen sie eine Betriebsnahe Veranlagung oder eine Betriebsprüfung an. Schon allein durch diese Anordnung entstehen für den Forstwirt erhebliche Kosten, denn eine solche Prüfungen sollte man tunlichst nicht ohne einen Steuerberater durchführen lassen! Wenn dann noch Steuernachzahlungen mit 6 % Zinsen (bei Einkommensteuer und Umsatzsteuer ab dem 15. Monat nach der Entstehung gem. § 233 a AO) hinzukommen, ist die ursprüngliche Freude über Steuererstattungen wegen des forstwirtschaftlichen Verlustes schnell vergessen.

Gehen wir abschließend anhand eines Beispiels noch einmal durch, welche steuerlichen Folgen die beiden Formen der Gewinnermittlung für einen Forstbetrieb mit sich bringen.

### Beispiel

Simon hat im Jahr 2020 Holz verkauft und dadurch 5000 € eingenommen. Er hat das Holz selbst im Rahmen einer normalen Durchforstung geschlagen.

Seine Betriebsausgaben im Jahr 2020:

| Abschreibungen für Wirtschaftsgüter | 500 € |
|---|---|
| Beiträge und Versicherungen | 300 € |
| Rückekosten | 1000 € |
| Steuerberatungskosten | 500 € |
| Kleinmaterial | 400 € |
| Kosten für Wiederaufforstung | 1200 € |

Simon hat jetzt zwei Möglichkeiten, wie er seinen Gewinn ermitteln kann. Möglichkeit 1: Pauschale Betriebsausgaben.

| Einnahmen aus Holzverkauf | 5000 € |
|---|---|
| Pauschale Betriebsausgaben (55 %, da er das Holz selbst geschlagen hat) | 2750 € |
| Kosten Wiederaufforstung | 1200 € |
| **In der Einkommensteuererklärung anzugebender Gewinn:** | 1050 € |

Möglichkeit 2: Einkommen-Überschussrechnung mit den tatsächlichen Betriebsausgaben:

# 5 Einkommensteuer im laufenden Forstbetrieb

**Abb. 5.4** Übersicht Betriebsausgaben. Grafik: Astrid van Kimmenade

| | |
|---|---|
| Einnahmen aus Holzverkauf | 5000 € |
| Abschreibungen für Wirtschaftsgüter | 500 € |
| Beiträge und Versicherungen | 300 € |
| Rückekosten | 1000 € |
| Steuerberatungskosten | 500 € |
| Kleinmaterial | 400 € |
| Kosten für Wiederaufforstung | 1200 € |
| **In der Einkommensteuererklärung anzugebender Gewinn:** | 1100 € |

Simon wird für 2020 die Ermittlung des Gewinns mit pauschalen Betriebsausgaben zzgl. der Kosten für die Wiederaufforstung wählen, weil dies für ihn günstiger ist. Zudem haben er und sein Steuerberater mit dieser Art der Gewinnermittlung weniger Arbeit und können sicher sein, dass es keine Nachfragen vom Finanzamt gibt. ◄

Im Folgenden gehen wir auf die verschiedenen Arten von Betriebsausgaben ein und wie diese im Rahmen einer Gewinnermittlung korrekt erklärt werden (Abb. 5.4).

## 5.4.3 Ausgaben bis 800 €

Alle Wirtschaftsgüter, die nach Abzug der Umsatzsteuer 800 € oder weniger kosten, dürfen im Jahr der Anschaffung sofort komplett als Betriebsausgabe geltend gemacht werden. Dabei gibt es nur zwei Voraussetzungen zu beachten.

## 5.4 Betriebsausgaben

- Erste Voraussetzung: Das Wirtschaftsgut muss selbstständig nutzbar sein. Ein gutes Gegenbeispiel ist ein Traktor-Anhänger, der für 800 € netto angeschafft wird: Da der Anhänger nur in Verbindung mit dem Traktor nutzbar ist, können die Anschaffungskosten nicht sofort in voller Höhe als Betriebsausgabe abgesetzt werden, sondern müssen über die gesamte Nutzungsdauer abgeschrieben werden.
- Zweite Voraussetzung: Wirtschaftsgüter, deren Kosten als Betriebsausgabe geltend gemacht werden, müssen in das Anlageverzeichnis des Forstbetriebes aufgenommen werden, damit ihr Verbleib im Betrieb verfolgt und ein möglicher späterer Verkauf steuerlich erfasst werden kann.

**Beispiel**

Simon kauft sich am 01.06.2020 eine Motorsäge beim Händler für 833 € inklusive 19 % Umsatzsteuer, netto also für 700 €.

Er kann die Anschaffungskosten in Höhe von 833 € im Jahr 2020 voll als Betriebsausgabe geltend machen, da die Netto-Anschaffungskosten nicht mehr als 800 € betragen. Simon trägt die Motorsäge zugleich in das Anlageverzeichnis seines Forstbetriebs ein. ◄

Muss also jede Schere, jeder Spaltkeil und jeder Schutzhelm ins Anlageverzeichnis eingetragen werden? Natürlich nicht! Alle Werkzeuge und Kleingeräte mit Anschaffungskosten bis 250 € müssen nicht in das Anlageverzeichnis aufgenommen werden und dürfen trotzdem als Betriebsausgabe geltend gemacht werden.

### 5.4.4 Ausgaben über 800 €

Investitionen, die nach Abzug der Umsatzsteuer über 800 € kosten, dürfen nur als Abschreibung steuerlich geltend gemacht werden. Den Zeitraum, über den ein Wirtschaftsgut abgeschrieben wird, legt die vom Finanzamt veröffentlichte AfA-Tabelle fest (siehe Anhang).

**Beispiel**

Simon kauft sich am 01.01.2020 für seinen Wald einen Rückewagen für 30.000 €. Außerdem baut er ein Wildgatter zum Schutz seiner Jungpflanzen für 3000 €.

Der Rückewagen muss laut AfA-Tabelle über 6 Jahre abgeschrieben werden, für das Wildgatter werden 15 Jahre aufgeführt. Simon kann bei der Einkommen-Überschuss-Rechnung seines Forstbetriebes in jedem vollen Wirtschaftsjahr 5000 € für den Rückewagen und 200 € für das Wildgatter als Ausgabe angeben, bis die Anschaffungskosten jeweils komplett abgeschrieben sind.◄

Alle Wirtschaftsgüter, die abgeschrieben werden, müssen im Anlageverzeichnis aufgelistet werden. Dabei muss auch angegeben werden, wann das Wirtschaftsgut zu welchem Preis angeschafft wurde und wie hoch der Buchwert zum jeweiligen Stichtag ist. Der aktuelle Buchwert errechnet sich aus den Anschaffungskosten abzüglich aller bisher in Anspruch genommenen Abschreibungen.

### Beispiel

In Simons Anlageverzeichnis wird der Rückewagen in den ersten beiden Jahren wie folgt aufgeführt:

| Rückewagen Anschaffungskosten | 01.01.2020 | 30.000,00 € |
|---|---|---|
| Abschreibung | 2020 | 6.000,00 € |
| **Buchwert** | 31.12.2020 | 24.000,00 € |
| Abschreibung | 2021 | 6.000,00 € |
| **Buchwert** | 31.12.2021 | 18.000,00 € |

Der Buchwert wird in dem Moment wichtig, wenn ein Wirtschaftsgut wieder verkauft werden soll. Denn dann erhöhen die Einnahmen aus dem Verkauf den Gewinn des Forstbetriebes, während der noch vorhandene Restbuchwert den Gewinn mindert.

### Beispiel

Simon verkauft den am 01.01.2020 für 30.000 € gekauften Rückewagen am 31.12.2021 für 20.000 € an einen befreundeten Waldbauern.

Simon muss die 20.000 € als Einnahme seines Forstbetriebes angeben. Davon darf er den Restbuchwert von 18.000 € als Betriebsausgabe abziehen. In der Einkommen-Überschuss-Rechnung seines Forstbetriebes ermittelt Simon durch den Verkauf des Rückewagens also einen Gewinn von 2000 €.◄

## 5.4.5 Beispiele für Ausgaben von A–Z

Ein Forstbetrieb bringt viele besondere Eigenschaften mit sich, die dafür sorgen, dass Waldbesitzer einen genauen Blick auf einzelne Formen von Ausgaben werfen sollten, bevor sie diese als Betriebsausgaben geltend machen.

### 5.4.5.1 Arbeitszimmer

Natürlich erfordert auch ein Forstbetrieb einige Büroarbeiten. Deshalb wäre es denkbar, die Kosten für ein häusliches Arbeitszimmer für den Forstbetrieb geltend zu machen. Bei einer gemieteten Immobilie könnte der Waldbesitzer die anteiligen Mietkosten zzgl. Nebenkosten als Betriebsausgabe geltend machen. Bei einer eigenen Immobilie könnten anteilige Abschreibungen zzgl. Nebenkosten für ein Arbeitszimmer als Betriebsausgaben abgezogen werden.

Bei einem Forstbetrieb erledigt die meiste Arbeit die Natur: Sie lässt die Bäume wachsen und an Wert gewinnen. Die zweitmeiste Arbeit ergibt sich vor Ort durch Pflanzung, Pflege und Ernten der Bäume. Im Vergleich dazu machen die Büroarbeiten nur einen sehr kleinen Teil der Arbeit eines Forstbetriebes aus. Bei kleineren Wäldern wird deshalb ein Arbeitszimmer keine Rechtfertigung finden.

Gerade Eigentümer einer Immobilie sollten aufpassen. Wird ein Arbeitszimmer für einen Forstbetrieb erklärt, so wird dieses Arbeitszimmer Teil des steuerlichen Betriebsvermögens: Bei einer späteren Veräußerung der Immobilie oder bei der Aufgabe des Forstbetriebes muss dann eine Wertsteigerung der anteiligen Immobilie versteuert werden.

### 5.4.5.2 Beratungskosten

Nimmt der Forstwirt Beratung für seinen Forstbetrieb in Anspruch, so kann er die damit verbundenen Kosten als Betriebsausgaben absetzen. Vorstellbar ist zum Beispiel eine Beratung zum ökologischen Umbau des Waldes, zur Erlangung von Fördermitteln oder für die bestmögliche Verwertung von Holz.

In der Regel erbringt der Revierförster diese Beratungsdienstleistungen allerdings ohne Berechnung. Auch bei einer Mitgliedschaft in einer Waldbesitzervereinigung sind derartige Beratungen normalerweise im Mitgliedsbeitrag enthalten. Aber auch Steuerberatungskosten für den forstwirtschaftlichen Teil der Steuererklärung oder andere Beratungsdienstleistungen rund um den Wald sind abzugsfähig.

> **Beispiel**
>
> Simon weiß sich steuerlich nicht mehr zu helfen. Deshalb sucht er einen Steuerberater auf, der ihm seine Einkommensteuererklärung erstellt. Dafür bekommt er folgende Rechnung:
>
> | | |
> |---|---|
> | Erstellung ESt-Erklärung | 250 € |
> | Ermittlung Einkünfte nichtselbständige Arbeit | 75 € |
> | Ermittlung Einkünfte aus Kapitalvermögen | 50 € |
> | Ermittlung Einkünfte Forstwirtschaft | 200 € |
> | Erstmalige Erstellung Inventarverzeichnis Forstwirtschaft (abgerechnet nach Zeitaufwand) | 100 € |
> | **Zwischensumme netto** | **675 €** |
> | Umsatzsteuer 19 % | 128,25 € |
> | **Brutto, gesamt** | **803,25 €** |
>
> Simon darf aus dieser Rechnung die Posten „Ermittlung Einkünfte Forstwirtschaft" und „Erstmalige Erstellung Inventarverzeichnis Forstwirtschaft" als Betriebsausgaben im Forstbetrieb geltend machen, also 300 € zzgl. 19 % Umsatzsteuer (57 €) – macht zusammen 357 €. ◄

### 5.4.5.3 Dienstleistungen

Kosten für Dienstleistungen, die andere Unternehmen für den Forstbetrieb erbringen, stellen Betriebsausgaben dar. Dies können zum Beispiel Kosten für Fällungen, den Abtransport von Holz, Pflanzungen oder Schädlingsbekämpfung sein. Auch bezahlte Beratung (siehe oben) oder die kostenpflichtigen Leistungen des Revierförsters wie z. B. das Auszeichnen von zu entnehmenden Bäumen stellen Betriebsausgaben dar.

Wer Probleme mit dem Finanzamt vermeiden will, der bewahrt für alle geltend gemachten Betriebsausgaben Rechnungen und Quittungen auf, die auf Verlangen vom Finanzamt vorgelegt werden können. Das gilt natürlich auch für Dienstleistungen.

Wichtig dabei: Aus den Rechnungen und Quittungen sollte zweifelsfrei hervorgehen, dass die Dienstleistung auch tatsächlich für den forstwirtschaftlichen Betrieb geleistet wurde und wer die Leistung erbracht hat. Besonders wichtig ist dies bei Rechnungen, die in bar bezahlt werden und bei Rechnungen von ausländischen Unternehmern, die im Inland keinen Sitz haben. Denn im Steuerrecht gilt

## 5.4 Betriebsausgaben

nicht der aus dem Strafrecht bekannte Spruch: „Im Zweifel für den Angeklagten", sondern genau das Gegenteil!

> **Beispiel**
>
> Simon durchforstet seinen Wald: Er entfernt gezielt Bäume, um den Wuchs der verbleibenden Bäume zu fördern. Sein Freund und Nachbar hilft ihm an einem Samstag dabei. Simon steckt ihm dafür 100 € zu. Diese „Gefälligkeit" kann Simon steuerlich nicht geltend machen.
>
> Ein befreundeter Forstwirt hilft Simon am Wochenende darauf bei Rückearbeiten und bringt dazu seinen Traktor samt Anhänger mit. Simon zahlt ihm dafür 750 € zzgl. 19 % Umsatzsteuer und bittet um eine Quittung, die er auch erhält. Diese Ausgabe kann Simon als Ausgabe geltend machen. ◄

### 5.4.5.4 Fahrzeuge

Für den Forstbetrieb wird gelegentlich auch ein Fahrzeug benötigt. Die Anschaffungskosten werden über die Nutzungsdauer hinweg abgeschrieben.

Bei PKWs muss glaubhaft gemacht werden, dass diese für den Forstbetrieb genutzt werden. Sollte ein PKW weniger als 50 % für betriebliche Zwecke genutzt werden, so stellt er steuerliches Privatvermögen dar: Dann können die Anschaffungskosten nicht abgeschrieben werden. Bei 50 % betrieblicher Nutzung oder mehr stellt der PKW dagegen ein Betriebsvermögen dar. Für die private Nutzung kann dann entweder die sogenannte 1 %-Methode angewendet werden oder durch die Aufzeichnungen des Fahrtenbuches der exakte Anteil ermittelt und abgerechnet werden.

Es gibt jedoch ein Problem: Das Finanzamt lässt nur Betriebsausgaben zu, wenn diese im Verhältnis zur wirtschaftlichen Größe des Betriebes angemessen erscheinen. Unverhältnismäßig hohe Kosten oder Kosten, bei denen der direkte Zusammenhang mit der Waldbewirtschaftung bezweifelt werden kann, werden vom Finanzamt gewöhnlich nicht anerkannt.

> **Beispiel**
>
> Simon kauft sich für 120.000 € ein neues, geländegängiges SUV, um seine 3,5 ha Wald besser erreichen und nötigenfalls auch ein Stück auf Forstwegen fahren zu können. Deshalb sieht er die Kosten als Betriebsausgabe: Bisher hatte er immer Sportwagen bevorzugt, der Kauf des SUV erfolgt aus seiner Sicht also nur aufgrund der Anforderungen seines Forstbetriebes.

Das Finanzamt macht ihm jedoch einen Strich durch die Rechnung: Die Kosten für das Fahrzeug sind steuerlich nicht berücksichtigungsfähig, weil sie in Bezug auf die relativ kleine Waldfläche unverhältnismäßig hoch ausfallen. ◄

Tatsache ist: Ein kleinerer Privatwald erfordert kaum einen teuren neuen PKW, der mit modernster Technik ausgestattet ist. Ein geländegängiges gebrauchtes Fahrzeug, das Anhänger ziehen und als Transportmittel für Werkzeuge, Holz und Pflanzen dienen kann und dessen Preis in einem realistischen Verhältnis zur Größe des Forstbetriebes steht, wird mit hoher Wahrscheinlichkeit vom Finanzamt als Betriebsfahrzeug anerkannt. Wie in anderen Lebensbereichen gilt auch hier: Die Kirche im Dorf lassen! Hier ein Beispiel, wie Simon es besser anstellen kann.

### Beispiel

Simon kauft sich für seine Forsttätigkeit einen zehn Jahre alten Jeep für 6500 €. Mit diesem fährt er regelmäßig in seinen Wald, um Inspektionen durchzuführen, Pflanzungen vorzunehmen oder sich mit dem Revierförster vor Ort zu treffen, um weitere Maßnahmen zu besprechen. Simon führt für diese Zwecke ein Fahrtenbuch, aus dem ersichtlich wird, dass er den Jeep tatsächlich zu 100 % für seine forstbetrieblichen Zwecke verwendet.

Simon kann diesen Jeep dem steuerlichen Betriebsvermögen des Forstbetriebes zuordnen und die daraus resultierenden Kosten steuerlich geltend machen. ◄

Sofern die steuerliche Berücksichtigung eines PKW als Betriebsvermögen nach den oben aufgeführten Regeln nicht möglich ist, bleibt noch die Nutzungseinlage der gefahrenen Kilometer mit einem steuerlichen Pauschalsatz.

### Beispiel

Simon kauft sich für 120.000 € ein neues, geländegängiges SUV. Mit diesem fährt er im Jahr nachweislich 400 km, um Pflanzen zu besorgen und diese in den Wald zu bringen.

Simon kann diese Fahrten mit pauschal EUR 0,30 als Betriebsausgabe geltend zu machen. Die tatsächlichen Kosten des PKW spielen dabei keine Rolle. ◄

In der Landwirtschaft hat sich wegen der hohen Investitionskosten für Maschinen und Geräte schon sehr früh der Grundsatz des Teilens von Maschinen

## 5.4 Betriebsausgaben

durchgesetzt. Auch Bauern haben schon seit langem teure Maschinen gemeinsam gekauft und gemeinschaftlich genutzt, bevor der Begriff „Sharing" Einzug in unseren Sprachgebrauch gehalten hatte. Heute gibt es sogenannte Maschinenringe, in denen das Teilen teurer Maschinen und Fahrzeuge professionell organisiert wird.

Es macht für Forstwirte wirtschaftlich einfach keinen Sinn, einen Traktor und einen Rückewagen für wenige Hektar Wald anzuschaffen. Schließen sich aber mehrere Forstwirte zum Erwerb dieser Wirtschaftsgüter zusammen, so ist das eine gute Lösung. In diesem Fall können Forstwirte die Kosten untereinander aufteilen und werden gewöhnlich kein Problem haben, diese Kosten auch gegenüber dem Finanzamt geltend zu machen.

### 5.4.5.5 Fortbildungen

Kosten für Fortbildungen wie den Motorsägen-Führerschein oder Lehrgänge stellen betriebliche Ausgaben dar. Das Gleiche gilt für Bücher und Zeitschriften-Abos zu Forstthemen. Wer in Zusammenhang mit seinem Forstbetrieb jedoch eine teure Bildungsreise plant, der kann relativ sicher sein, dass die Kosten dafür vom Finanzamt nicht als Betriebsausgabe anerkannt werden.

> **Beispiel**
>
> Simon bucht mit seiner Frau eine Reise in die Masuren. Sie reiten in einer Gruppe 14 Tage durch die Landschaft, natürlich auch durch Wälder. Simon möchte zumindest die auf ihn entfallen Kosten der Reise als Betriebsausgabe geltend machen, weil er sich im Rahmen der Reise ja auch waldkundlich fortgebildet hat.
>
> Das funktioniert nicht, weil die Reise sowohl in der Art der Durchführung als auch in der Länge in erster Linie eindeutig privat durch das Erholungsbedürfnis veranlasst ist. In solchen Fällen spricht das Einkommensteuergesetz von Kosten der privaten Lebensführung, die niemals abgezogen werden dürfen, auch wenn sie zur Förderung des Berufes erfolgen (gem. § 12 Nr. 1 EStG).◄

Anders sieht dies aus, wenn der Bezug zum Forstbetrieb eindeutig nachweisbar ist und private Vergnügungen keine große Rolle spielen.

> **Beispiel**
>
> Simon nimmt an einer vom örtlichen Waldbesitzerverband organisierten zweitägigen Informationsfahrt nach Südtirol teil, um sich über den Zustand der

dortigen Wälder und mögliche Auswirkungen des Klimawandels zu informieren. Die Fahrt dauert zwei Tage, das Tagesprogramm umfasst jeweils acht Stunden mit Vorträgen und Besichtigungen. Abends spielt Simon mit seinen Kollegen Karten bei einem Glas Rotwein.
Die Kosten für die Informationsfahrt sind steuerlich abzugsfähig, die Kosten für das Glas Rotwein allerdings nicht!◄

### 5.4.5.6 Schutz-Kleidung

Forstliche Schutzkleidung wie Sicherheitsschuhe, Helme sowie Schutzjacken und -hosen stellen eindeutig Betriebsausgaben dar. Wenn Kleidung auch privat getragen werden kann, stellen die Anschaffungskosten jedoch keine Betriebsausgaben dar. Ein gewöhnliches Hemd oder eine gewöhnliche Jeans stellt keine Betriebsausgabe dar … auch dann nicht, wenn sie grün sind oder einen Baum, einen Elch oder eine Bärentatze als Verzierung aufweisen.

### 5.4.5.7 Versicherungen und Beiträge

Kosten für Versicherungen rund um den Forstbetrieb und die für den Wald benötigten Geräte, Maschinen und Fahrzeuge stellen immer Betriebsausgaben dar. Auch die Beiträge zur Landwirtschaftlichen Berufsgenossenschaft, Waldbesitzerverbänden, Forstbetriebsgemeinschaften und Bauernverband sind betriebliche Ausgaben.

### 5.4.5.8 Zinsen

Wurde der Kaufpreis des Waldes oder anderer Wirtschaftsgüter über ein Darlehen finanziert, so sind die im jeweiligen Jahr bezahlten Zinsen als Betriebsausgabe abziehbar. Andere in Zusammenhang mit dem Darlehen entstehende Nebenkosten (Grundschuldbestellungskosten, Notargebühren für Grundschuld, Darlehensgebühren, Agio) sind ebenfalls abzugsfähig. Das gilt jedoch nicht für die Tilgung: Diese darf nicht als Betriebsausgabe angerechnet werden.

## 5.5 Tarifvergünstigungen in Sondersituationen

Ein Forstbetrieb arbeitet vor allem mit der Kraft der Natur. Diese bringt aber nicht nur die Bäume zum Wachsen, sie kann Bäume auch unerwartet schädigen. Und da Wälder einen wertvollen Beitrag zu einer intakten Umwelt leisten, kann es auch vorkommen, dass politische Entscheidungen gefällt werden, die sich direkt auf Forstbetriebe auswirken. Unter solchen besonderen Umständen genießen Forstbetriebe steuerliche Privilegien, die im Folgenden gezeigt werden.

## 5.5.1 Steuersätze bei außerordentlichen Holznutzungen

Außerordentliche Holznutzung: Das hört sich zunächst nach einer freiwilligen Entscheidung des Forstwirtes an, seine Bäume anders zu nutzen als gewöhnlich. Tatsächlich wird damit aber geregelt, wie Forstwirte bei Schadensereignissen mit großen Mengen schadhaftem Holz steuerlich entlastet werden können. Wenn durch große Eis- oder Schneemassen, einen Sturm, Erbeben, einen Bergrutsch, Insektenbefall, einen Brand, Dürre, Hochwasser, Wolkenbrüche oder andere Naturereignisse plötzlich sehr viele Bäume gefällt oder entfernt werden müssen, dann gelten besonders günstige Steuersätze. Eine solche zwangsweise Holzentnahme nennt sich auch „Kalamitätsnutzung" – ein gutes Indiz dafür, dass sich Forstwirte wohl nie über ein solches Ereignis freuen.

Aus steuerlicher Sicht nennt sich dies „Holznutzungen aufgrund höherer Gewalt" (§ 34 b Abs. 1 Nr. 2 EStG). Die dazugehörige Regelung hat zum Ziel, Forstwirte in dieser unangenehmen Situation zumindest von steuerlicher Seite her zu entlasten.

Wenn eine außerordentliche Holznutzung vorliegt, muss der Waldbesitzer im ersten Schritt seine gesamten Einnahmen aus Holzverkäufen auflisten. Im zweiten Schritt werden die damit zusammenhängenden Betriebsausgaben abgezogen. Wie oben beschrieben hat der Forstwirt auch in diesem Fall wieder die Wahl: Er kann entweder seine tatsächlichen Ausgaben im Rahmen der Einnahme-Überschuss-Rechnung geltend machen oder die Betriebsausgabenpauschale geltend machen.

Erst im dritten Schritt teilt der Forstwirt seine aufgezeichneten Einnahmen in ordentliche (=normale) und außerordentliche Holznutzungen auf. Er muss also festhalten, welches Holz er tatsächlich aufgrund eines der oben beschriebenen Schadensereignisse entnehmen und verkaufen musste. Zu allem Überfluss sollen Waldbesitzer bereits unmittelbar nach einem Schadensereignis abschätzen und das Finanzamt darüber informieren, mit welcher Menge außerordentlicher Holznutzung sie rechnen.

Steuerlich begünstigt wird nur der Anteil vom Gewinn, der auf die außerordentliche Holznutzung zurückgeht (gem. § 34 b EStG). Für diesen Anteil der Einnahmen wird der durchschnittliche Einkommensteuersatz halbiert. Besitzer von Waldflächen unter 50 Hektar dürfen den Steuersatz sogar auf ein Viertel reduzieren, falls der sogenannte Nutzungssatz von 5 fm ohne Rinde überschritten ist.

Der Nutzungssatz errechnet sich aus der jährlichen durchschnittlichen Ertragsfähigkeit des Waldes, also der Menge an Holz, um die üblicherweise der Bestand der Bäume jährlich wächst. Waldbesitzer mit mehr als 50 ha Wald müssen den Nutzungssatz über ein Gutachten nachweisen.

> **Beispiel**
>
> Simon hat im Jahr 2020 Einkünfte aus Holzverkäufen in Höhe von 10.000 €. Davon entfallen auf die normale Bewirtschaftung 2000 €. Durch außerordentliche Holznutzung hatte er zusätzliche Einnahmen von 8000 €: Ein Sturm war über den Wald hinweggefegt und hatte viele Bäume umgeknickt. Simon hat den Schaden seiner zuständigen Finanzbehörde rechtzeitig angezeigt.
>
> Nach Abzug aller Ausgaben bleibt Simon für das Jahr 2020 ein Gewinn von 5000 €. Simon muss 1000 € der normalen Besteuerung unterwerfen, darf aber für 4000 € den halben durchschnittlichen Steuersatz berechnen. Weil Simon zusätzlich nachweisen kann, dass die außerordentliche Holznutzung seinen Nutzungssatz von 5 fm überstiegen hat, darf er für die 4000 € sogar nur ein Viertel des durchschnittlichen Steuersatzes berechnen. ◄

Leider kommen in den letzten Jahren immer häufiger Ereignisse vor, die zu einer außerordentlichen Holznutzung führen. Das hat zur Folge, dass Forstwirte viel zu oft Holz gegen ihren Willen verkaufen müssen. Dadurch liegen die Preise für Holz am Boden, insbesondere die für schadhaftes Holz. Gleichzeitig nehmen die Kosten für das Fällen und Abtransportieren von Holz zu.

Gerade Besitzer kleinerer Wälder können deshalb kaum einen Gewinn erzielen, wenn eine außerordentliche Nutzung erfolgen muss. Und das hat zur Folge, dass die hier beschriebenen Vergünstigungen bei der Einkommensteuer ihnen keinerlei Vorteil verschaffen!

Wir hoffen sehr, dass sich die Holzpreise wieder erholen und es bei einer Neuauflage dieses Buches Positiveres zu berichten gibt.

### 5.5.2 Forstschädenausgleichsgesetz

Das Forstschädenausgleichsgesetz ist in erster Linie ein volkswirtschaftliches Gesetz, das der Bundesregierung ermöglicht, die Menge gefällter Bäume zu beschränken, um damit auf Schadensereignisse zu reagieren. So wurde beispielsweise im November 2020 vom Deutschen Bundesrat beschlossen, die Menge der Fichten zu beschränken, die deutschlandweit pro Jahr gefällt werden dürfen. Zum

Zeitpunkt der Fertigstellung dieses Buches ist unklar, ob und wann die Bundesregierung sich mit diesem Beschluss befasst: Eine feste Frist gibt es dafür nicht. Im Rahmen des Forstschädenausgleichsgesetzes wird aber auch geregelt, wie Forstwirte für die Beschränkung entschädigt werden. Zum einen können Forstbetriebe, die eine Bilanz erstellen, jährlich 25 % der im Durchschnitt der vorangegangen drei Wirtschaftsjahre erzielten nutzungssatzmäßigen Einnahmen in eine steuerfreie Rücklage einstellen (gem. § 3 FAG). Da wir aber bereits dargelegt haben, dass die Gewinnermittlung per Bilanz nur für große Forstbetriebe verpflichtend ist, hat diese Regelung für kleinere Forstbetriebe praktisch keine Auswirkung.

Anders sieht das bei der Regelung für Pauschale Betriebsausgaben (nach § 4 FAG) aus: Wenn das Forstschädenausgleichsgesetz aktiviert wurde, dürfen Forstwirte statt der vorgegebenen 55 % Betriebsausgabenpauschale dann 90 % der Einnahmen durch Holzverkauf als Ausgabe geltend machen. Bei Holz, das der Käufer selbst schlägt und abtransportiert (vom Stamm verkauft), beträgt die Pauschale 65 % (statt den sonst üblichen 20 %). Es bleibt jedoch dabei, dass diese Pauschalen nur für die Einnahmen aus der reinen Holznutzung (gem. § 51 EStDV) und nicht für andere Einnahmen gelten.

## 5.6 Einkommensteuererklärung bei Forstbetrieben

Wir haben in diesem Kapitel die wichtigsten Aspekte zusammengetragen, die Waldbesitzer für ihre Einkommensteuererklärung kennen sollten. Gehen wir jetzt kurz durch, was beim Erstellen der Einkommensteuererklärung selbst im Blick behalten werden sollte und welche Unterlagen nötig sind.

Wie wir bereits geklärt haben, hat ein Waldbesitzer automatisch einen Forstbetrieb und ist damit aus steuerlicher Sicht ein Unternehmer. Das bedeutet: Jeder Waldbesitzer ist verpflichtet, eine Einkommensteuererklärung abzugeben (nach § 25 EStG). Diese Einkommensteuererklärung muss bis zum 31.07. des Folgejahres in elektronischer Form beim Finanzamt abgegeben werden. Diese Frist verlängert sich bis zum 28. (in Schaltjahren 29.) Februar des übernächsten Jahres, wenn ein Steuerberater mit der Erstellung beauftragt wird.

Im Rahmen der Einkommensteuererklärung will das Finanzamt insbesondere die **Anlage L** (für Landwirtschaft) sehen. Auf Seite 4 dieses Formulars werden im Detail alle forstwirtschaftlichen Belange abgefragt.

Die Ermittlung des Gewinns oder Verlustes aus dem Forstbetrieb ergibt sich aus einer **Einnahmen-Überschuss-Rechnung**, die ebenfalls als Anlage zur Einkommensteuererklärung abgegeben werden muss. Bei der pauschalierten Angabe von Betriebsausgaben wird bei den Ausgaben allerdings nur aufgelistet, was nicht durch die Pauschale abgegolten wird und deshalb zusätzlich geltend gemacht werden darf.

Außerdem muss die **Anlage AV13a** mitgeschickt werden: Dabei handelt es sich um das Anlageverzeichnis. Dieses Verzeichnis bleibt bei kleinen Forstbetrieben oft jahrelang unverändert. Angepasst werden muss das Anlageverzeichnis, wenn im betreffenden Steuerjahr im Forstbetrieb Waldflächen hinzukommen oder wegfallen, wenn ein Kahlschlag vorgenommen wurde oder bei Anschaffungen, die mehr als 250 € (ohne Umsatzsteuer) gekostet haben. Wichtiger Hinweis: Bei Anschaffungen, die über mehrere Jahre abgeschrieben werden, muss unbedingt das Kaufdatum angegeben werden, da die Abschreibung mit diesem Datum beginnt und im Jahr der Anschaffung somit nur anteilig erfolgt (es sei denn, das Wirtschaftsgut wurde am ersten Tag des Wirtschaftsjahres gekauft). Bei Abschreibungen muss für jedes Jahr die Summe der Abschreibung angegeben und der Buchwert aktualisiert werden.

Bei der **Einkommensteuererklärung** selbst dürfen sich Forstwirte über einen kleinen Bonus freuen (gem. § 13 Abs. 3 EStG): Wenn die Summe der Einkünfte 30.700 € nicht übersteigen, bleiben 900 € der Einkünfte aus dem Forstbetrieb steuerfrei. Bei Steuerpflichtigen, die zusammen veranlagt werden (also zum Beispiel Ehepaaren), verdoppeln sich diese Werte: Hier gilt der Bonus bis zu Einkünften von 61.400 €, der Freibetrag liegt bei 1800 €.

Die Einreichung einer gesonderten Gewinnermittlung, die Einnahmen und Ausgaben gegeneinander gegenüberstellt, ist inzwischen nicht mehr erforderlich. Wir empfehlen trotzdem die Erstellung einer solchen Überschussrechnung für die eigenen Unterlagen, damit man für Rückfragen des Finanzamtes gewappnet ist ... diese kommen teilweise nämlich auch Jahre später!

Übrigens: Belege für die einzelnen Einnahmen und Ausgaben müssen auch nicht abgegeben werden. In der Forstwirtschaft gilt allerdings eine zehnjährige Aufbewahrungspflicht. Die Belege können sowohl in Papierform als auch in elektronischer Form aufbewahrt werden.

Einige Zeit nach Abgabe der Steuererklärung erlässt das Finanzamt einen Einkommensteuerbescheid. Dann hat der Forstwirt einen Monat Zeit, um zu prüfen, ob alles in Ordnung ist. Nach Ablauf dieser sogenannten Rechtsbehelfsfrist kann in der Regel nicht mehr gegen den Bescheid vorgegangen werden. Deshalb sollte die Prüfung am besten sofort erledigt werden, damit bei Schwierigkeiten

## 5.6 Einkommensteuererklärung bei Forstbetrieben

nötigenfalls auch Zeit bleibt, sich beraten zu lassen oder Hilfe in Anspruch zu nehmen.

Die Erstellung der Einkommensteuererklärung ist und bleibt für viele eine lästige Pflicht. Forstwirte sollten mithilfe der Informationen in diesem Buch aber normalerweise in der Lage sein, diese Pflicht zu erfüllen. Oft bleiben einzelne Fragen jedoch offen. Wo bekommt man dann als Forstwirt Hilfe?

Zunächst: Lohnsteuerhilfevereine können für Forstwirte nicht mehr tätig werden, da diesen Vereinen die steuerliche Beratung von Selbständigen nach dem Steuerberatungsgesetz nicht erlaubt ist. Für einzelne Fragen zur Einkommensteuererklärung kann aber durchaus das Finanzamt selbst angesprochen werden. Manchmal reicht dafür ein Telefonat. Ansonsten kann auch ein persönliches Gespräch vereinbart werden: Diese finden im sogenannten Servicebereich der Finanzämter statt. Bei der teilweisen oder ganzen Erstellung der Einkommensteuererklärung hilft das Finanzamt jedoch nicht.

Abgesehen vom Finanzamt bleibt der erste Ansprechpartner für Hilfe bei der Steuererklärung also der Steuerberater. Forstwirte sollten sich gezielt einen Steuerberater suchen, der Fachkunde im Bereich der Forstwirtschaft vorweisen kann. Das sind in Deutschland allerdings sehr wenige! Trotzdem lohnt sich die Suche, denn die Besteuerung von Land- und Forstwirten unterscheidet sich in vielen Bereichen sehr von der Besteuerung „normaler" Steuerpflichtiger und Gewerbebetriebe.

Wir empfehlen Forstwirten, mit den gängigen Suchmaschinen nach „Steuerberater", „Forstwirtschaft" und „Landwirtschaft" in Verbindung mit dem nächsten Ort oder der nächsten größeren Stadt zu suchen. Wer Glück hat, der findet in der Nähe vielleicht auch einen Steuerberater, der die Zusatzqualifikation „Landwirtschaftliche Buchstelle" vorweisen kann.

Außerdem gibt es einen Steuerberater-Suchservice, der für diese Zwecke genutzt werden kann:

https://www.dstv.de/suchservice/steuerberater-suchen

Auch hier können durch Einschränkung der Suchkriterien nahegelegene Steuerberater mit Neigung zur Land- und Forstwirtschaft gefunden werden. Aber: Steuerberater kosten natürlich Geld. Deshalb sollte vor der Beauftragung unbedingt nach den anfallenden Gebühren gefragt werden, damit es keine Überraschungen gibt.

**Beispiel**

Simon hat im Jahr 2019 recht umfangreiche Durchforstungsmaßnahmen durchführen und mehrere hundert Setzlinge pflanzen lassen. Er ist sich nicht sicher, ob er die Betriebsausgaben pauschal ansetzen soll oder nach tatsächlichem Aufwand.

Da Simon außerdem stark in seinen Beruf als Elektriker eingebunden ist, fehlen ihm Zeit und Lust, sich um die steuerlichen Belange zu kümmern. Er fertigt eine Aufstellung seiner Einnahmen und Ausgaben in der Forstwirtschaft an und übergibt diese mit den digitalen Belegen an einen Steuerberater. Dieser hat ihm zugesagt, die Einkommensteuererklärung für ein Honorar von maximal 600 € zuzüglich Umsatzsteuer zu erstellen. Mit inbegriffen ist die Prüfung des Steuerbescheides.

Der Steuerberater erstellt eine Einnahmen-Überschussrechnung, in der er die tatsächlichen Kosten geltend macht, wodurch ein Verlust entsteht, den Simon gegen seine Einkünfte als angestellter Elektriker verrechnen kann. Simon erhält die Steuererklärung von seinem Steuerberater elektronisch zugesandt und gibt im Rahmen einer Freigabeerklärung das „OK". Daraufhin übermittelt der Steuerberater die Erklärung an das Finanzamt.

Zwei Monate später erhält Simon vom Steuerberater elektronisch den bereits geprüften Einkommensteuerbescheid zugesandt. Die Erstattung vom Finanzamt geht zwei weitere Tage später auf seinem Konto ein.

Simon ist nicht an den Steuerberater gebunden. Er kann jedes Jahr neu entscheiden, ob er diesen oder einen anderen Steuerberater beauftragt – oder ob er die Erklärung selbst erstellt. ◄

Ein Tipp zum Schluss: Gerade im ersten Jahr als Waldbesitzer macht es Sinn, die Einkommensteuererklärung von einem Steuerberater machen zu lassen. Das hat zwei Vorteile: Erstens erhält man auf diese Weise eine korrekt erstellte Vorlage, die man in den folgenden Jahren nutzen kann, wenn man die Einkommensteuererklärung selbst erledigen möchte. Zweitens kann man den Kostenaufwand für den Steuerberater einschätzen und entsprechend besser entscheiden, ob man Zeit und Lust hat, sich stattdessen selbst um die Einkommensteuer zu kümmern.

Die Informationen in diesem Buch helfen auch, wenn ein Forstwirt einen Steuerberater beauftragt. Die Kommunikation kann dann auf Augenhöhe ablaufen, sinnvolle und notwendige Angaben sind bereits bekannt, Erklärungen können abgekürzt werden: Das spart Zeit und damit auch Geld!

## 5.6 Einkommensteuererklärung bei Forstbetrieben

Ahorn. stock.adobe.com – Aleksandra Smirnova,
aufbereitet von Isabel Winckler

# Einkommensteuer beim Verkauf von Wald 6

Der Verkauf von Waldflächen kann sicherlich als Sonderereignis im Rahmen eines Forstbetriebes bezeichnet werden. Die steuerlichen Auswirkungen dieses Ereignisses sind wegen der mittlerweile hohen Kaufpreise von besonderer Bedeutung. Deshalb gehen wir hier noch einmal ausführlich auf die verschiedenen Punkte ein, die für den Verkauf von Wald wichtig sind.

## 6.1 Erste Frage: Betriebsvermögen oder Privatvermögen?

Für die steuerliche Behandlung von Gewinnen (oder in seltenen Fällen auch Verlusten) aus dem Verkauf von Waldgrundstücken stellt sich als erstes die Frage, ob der Wald sich im steuerlichen Betriebsvermögen oder im steuerlichen Privatvermögen befindet. Wie bereits dargestellt (vgl. Abschn. 3.1), gehören inzwischen auch kleinere Wälder fast immer zum Betriebsvermögen und stellen einen Forstbetrieb dar. Dabei ist es unerheblich, ob für den Forstbetrieb in den letzten Jahren Angaben in den Einkommensteuererklärungen gemacht wurden oder ob Holz verkauft wurde.

Jahreslanges Nicht-Erklären oder Falsch-Erklären von fortwirtschaftlichen Einkünften schafft kein Gewohnheitsrecht, auf das man sich beim Verkauf des Waldes berufen kann. Wenn beispielsweise jahrelang Holzverkäufe aus dem Wald fälschlicherweise als Sonstige Einkünfte (i. S. v. § 22 EStG) in der Steuererklärung angegeben wurden und das Finanzamt dies auch nicht beanstandet hat, heißt das im Umkehrschluss keinesfalls, dass beim Verkauf der Wald als Privatvermögen eingestuft wird. Steuerrechtler sprechen in einem solchen Fall von „Abschnittsbesteuerung". Adenauer hat es klarer formuliert: „Was kümmert mich mein Geschwätz von gestern?".

In der Praxis kommt es relativ oft vor, dass ein Land- und Forstwirtschaftlicher Betrieb steuerlich aufgegeben wird, z. B. weil kein Nachfolger vorhanden ist. Die Wirtschaftsgüter und insbesondere die landwirtschaftlichen Grundstücke werden zu diesem Anlass mit ihrem Verkehrswert (Marktwert) – ob man will oder nicht – ins Privatvermögen übertragen.

Das gilt jedoch nicht für den Forstbetrieb! Für diesen kann keine steuerliche Betriebsaufgabe erklärt werden. Ein zu einer Landwirtschaft gehörender Wald bleibt auch nach der Betriebsaufgabe des Landwirts ein Betriebsvermögen! Und so kann auch ein „Nur-Forstbetrieb" steuerlich nicht aufgegeben werden. Der Grund ist einfach: Wenn ein Bauer die Landwirtschaft aufgibt und in dem Zusammenhang damit in der Regel zur Verpachtung der Felder übergeht, dann kann der Bauer mit der Landwirtschaft kein Geld mehr verdienen. Beim Wald liegt die Sachlage jedoch anders, denn die Bäume sind ja noch vorhanden und wachsen auch ohne Zutun jedes Jahr weiter und nehmen dabei gewöhnlich an Wert zu – ob man will oder nicht!

### Beispiel

Katrins Onkel ist im Jahr 2015 verstorben. Er hatte eine Land- und Forstwirtschaft, die mangels Nachfolger bereits im Jahr 2000 aufgegeben wurde. Katrin erbt von diesem Onkel 5 ha Wald. Der Onkel hat immer wieder betont, dass der Betrieb aufgegeben wurde und dass er seit Jahren keine Steuererklärungen mehr abgegeben hat.

Katrin verkauft den Wald im Jahr 2020 und erzielt einen Gewinn von 500.000 €. Dieser Gewinn ist steuerpflichtig! Denn trotz der Beteuerungen des Onkels bleibt der Wald ein Forstbetrieb, sodass es sich bei dem Verkauf um forstwirtschaftliches Betriebsvermögen handelt! ◄

Auch hier sei noch einmal darauf hingewiesen, dass der Begriff „Privatwald" letztlich nur aussagt, dass der Wald weder dem Staat noch einer Gemeinde gehört (gem. § 3 Abs. 3 BWaldG). Als Privatvermögen kann ein Wald dagegen nur eingestuft werden, wenn es sich um Bauland handelt, das tatsächlich auch jederzeit bebaut werden könnte und in dessen Nähe bereits eine Bebauung begonnen hat oder durchgeführt wurde.

Nur in diesem Ausnahmefall ist der Gewinn aus dem Verkauf des Waldes steuerfrei, sofern zwischen Anschaffung und Verkauf ein Zeitraum von mehr als zehn Jahren liegt (gem. § 23 Abs. 1 Satz 1 Nr. 1 EStG). Im Gegenzug bedeutet dies, dass ein Verlust aus dem Verkauf eines solchen Waldes bei einer Besitzzeit von über zehn Jahren steuerlich nicht mit anderen Einkünften gegengerechnet werden kann. Wurde der Wald unentgeltlich durch Schenkung oder Erbschaft übertragen, so können auch die Besitzzeiten des Rechtsvorgängers (also des Schenkers oder Erblassers) auf diese 10 Jahre angerechnet werden.

Sollte der Wald im Privatvermögen jedoch verkauft werden, obwohl der Eigentümer ihn weniger als 10 Jahre besitzt, so handelt es sich dabei um ein sogenanntes Spekulationsgeschäft (i. S. v. § 23 EStG). Dann müssen die Gewinne aus dem Verkauf versteuert werden! Verluste können nur mit gleichartigen Gewinnen verrechnet werden. Wenn die gleichartigen Gewinne erst in der Zukunft erzielt werden, können die Verluste damit verrechnet werden.

Aber wie gesagt: Wald als Privatvermögen bleibt ein Ausnahmefall, bei dem alle wirtschaftlichen Aspekte eher durch die Einordnung als Bauland als durch den Wald selbst geprägt sind.

In den weiteren Ausführungen gehen wir davon aus, dass der verkaufte Wald sich im Betriebsvermögen befindet.

## 6.2 Versteuerung von Gewinn

Beim Verkauf eines Forstbetriebes muss der Gewinn versteuert werden. Einen möglichen Verlust können wir an dieser Stelle wegen den stark gestiegenen Preisen für Waldflächen vernachlässigen. Der Gewinn wird errechnet, indem vom erzielten Verkaufspreis die Anschaffungskosten abgezogen werden. Klingt leicht, ist in der Praxis aber manchmal sehr knifflig!

Zunächst zu den Einnahmen: Damit ist nicht nur das Geld, sondern auch alle anderen Wirtschaftsgüter oder Dienstleistungen gemeint, die für das Überlassen des Waldes übergeben oder geleistet werden. Auch Mischformen sind in der Praxis üblich.

### Beispiel

Stefan verkauft 5 ha Wald. Im Notarvertrag wird ein Kaufpreis von 500.000 € vereinbart. Weiter wird im notariellen Vertrag vereinbart, dass der Käufer des Waldes Stefan eine 0,5 ha große Wiese überträgt (Wert: 150.000 €).

Stefan erzielt durch den Verkauf des Waldes Einnahmen in Höhe von 650.000 €, da alle Gegenleistungen des Käufers für die Übergabe des Waldes als Einnahmen angerechnet werden müssen.◄

In der Praxis kommt es gerade beim Verkauf von Wald leider oft vor, dass separate Absprachen und Vereinbarungen getätigt werden, die im Notarvertrag nicht beurkundet werden. Um zu verdeutlichen, was wir damit meinen, setzen wir das oben genannte Beispiel fort.

> **Beispiel**
>
> Nebenbei trifft Stefan mit dem Käufer folgende Absprachen: Der Käufer verspricht, Stefan zehn Jahre lang gratis mit Brennholz zu versorgen (Wert: 12.000 €). Außerdem übergibt der Käufer Stefan 10.000 € in bar auf die Hand. ◄

Gerade beim Verkauf von Wald, der sich möglicherweise seit Generationen in Familienbesitz befand, kommen solche Absprachen häufig vor. Wir können vor solchen Praktiken nur mit allem Nachdruck warnen! Eine solche „Unterverbriefung" erfüllt den Tatbestand der Steuerhinterziehung, weil dadurch für die Grunderwerbsteuer eine falsche Bemessungsgrundlage an das Finanzamt übermittelt wird. Damit entzieht der Verkäufer dem Fiskus Einkommensteuer, weil er seinen Veräußerungsgewinn zu niedrig ermittelt.

Vielleicht noch schlimmer wirkt sich jedoch die Tatsache aus, dass durch solche Nebenabsprachen der notarielle Vertrag anfechtbar wird! Bei einem zu groben Missverhältnis zwischen Kaufpreis und Verkehrswert kann außerdem die Genehmigung nach dem Grundstücksverkehrsgesetz verwehrt werden. Und noch ein wichtiger Punkt: Staatliche Stellen haben beim Kauf von Wald unter Umständen ein Vorkaufsrecht. Bei einem extrem niedrigen Kaufpreis können sie in den bestehenden Vertrag einsteigen und der Waldverkäufer MUSS den Wald dann zu dem im Notarvertrag vereinbarten Preis an den Staat abgeben ... an etwaige vorher getroffene mündliche Absprachen ist der Staat dabei natürlich weder rechtlich noch moralisch gebunden!

Das folgende Beispiel verdeutlicht, wie schnell eine Unterverbriefung für alle Beteiligten sehr unangenehme Konsequenzen haben kann.

> **Beispiel**
>
> Gerhard kauft von einem anderen Waldbauern 2 ha Wald. Als Kaufpreis einigen sich die beiden auf 100.000 €. Weil sie sich kennen, schlägt der Verkäufer vor, beim Notar nur einen Kaufpreis von 50.000 € anzugeben. So spart Gerhard bares Geld bei Grunderwerbsteuer, Notargebühren und Gerichtsgebühren. Und auch der Verkäufer hat etwas davon: Er muss Gewinne nur auf Grundlage eines Preises von 50.000 € versteuern.

Kurze Zeit nach dem Verkauf gerieten Gerhard und der Verkäufer in einer Wirtshausschlägerei aneinander. Gerhard trägt ein blaues Auge davon. Voller Wut schreibt er an das Finanzamt des Verkäufers, dass er in Wirklichkeit 100.000 € für den Wald bezahlt hat.

Wenige Wochen danach bekommen Gerhard und der Verkäufer Post vom Finanzamt: Gegen beide werden Steuerstrafverfahren eröffnet! Der Verkäufer muss sich wegen Hinterziehung der Einkommensteuer verantworten, Gerhard wird Hinterziehung von Grunderwerbsteuer vorgeworfen. Außerdem ist der notarielle Vertrag für den Waldverkauf nichtig und wird rückabgewickelt. Gerhard darf deshalb zwar die an den Verkäufer geleisteten Zahlungen zurückverlangen. Leider hat der Verkäufer jedoch das Geld zum Abzahlen von Krediten verwendet und deshalb keine finanziellen Reserven mehr. Damit ist Gerhard nicht nur den Wald, sondern zu allem Überfluss auch sein Geld endgültig los!◄

Soweit zu den Einnahmen beim Waldverkauf, bleiben noch die Anschaffungskosten! Im Wesentlichen bestehen diese aus dem Kaufpreis und allen anderen Kosten, die irgendwann einmal für den Wald bezahlt wurden. Dazu zählt der Kaufpreis in Geld oder Geldeswert (wie zum Beispiel die Wiese im oben genannten Beispiel), die Grunderwerbsteuer, Grundbuchgebühren und andere staatliche Gebühren. Bei Abschreibungen wird der Buchwert abgezogen, also der Teil der Anschaffungskosten, der noch nicht abgeschrieben wurde.

Weitere Anschaffungskosten sind die Kosten für eine Erst-Aufforstung oder die Aufforstung nach einem Kahlschlag. Gewöhnliche Aufforstungskosten, die im jeweiligen Jahr als Betriebsausgaben angegeben wurden, zählen jedoch nicht dazu.

Wurde der Wald unentgeltlich durch eine Schenkung oder eine Erbschaft erworben, gelten die Anschaffungskosten des Rechtsvorgängers. Man übernimmt also auch in dieser Beziehung alles, was der Schenkende oder der Erblasser hinterlassen hat (Fußstapfen-Theorie). Wurden die damaligen Anschaffungskosten gut dokumentiert, so hat man Glück. In der Praxis befinden sich Wälder oft schon seit Generationen im Besitz einer Familie. Entsprechend gibt es auch keine dokumentierten Anschaffungskosten.

In einem solchen Fall gilt: War der Wald bereits am 01.07.1970 im Anlagevermögen (also: in Besitz der Rechtsvorgänger), so kann für den Grund und Boden 1,02 € pro qm als Buchwert vom Veräußerungserlös abgezogen werden (gem. § 55 Abs. 2 Nr. 2 i. V. m. Abs. 1 EStG). Für Wald, der nach diesem Stichtag erworben wurde, müssen die tatsächlichen Anschaffungskosten ermittelt werden.

Für den Baumbestand wird ein pauschalierter Wert angesetzt, der sich aus dem Einheitswert ableitet (siehe hierzu R 14 Abs. 5 Nr. 1 EStR). Dies gilt für alle Wälder, die am 21.06.1948 zum Betriebsvermögen gehört haben.

Wenn somit Einnahmen und Anschaffungskosten feststehen, kann der Verkäufer endlich seinen Gewinn ermitteln (Abb. 6.1). Dieser Gewinn muss in dem Kalenderjahr versteuert werden, in dem die Zahlung beim Verkäufer eingegangen ist (gem. § 4 a Abs. 2 Nr. 2 EStG). Das gilt auch für den Fall, dass Forstwirte ihre Gewinne aus dem Forstbetrieb in einem Wirtschaftsjahr ermitteln, das vom Kalenderjahr abweicht.

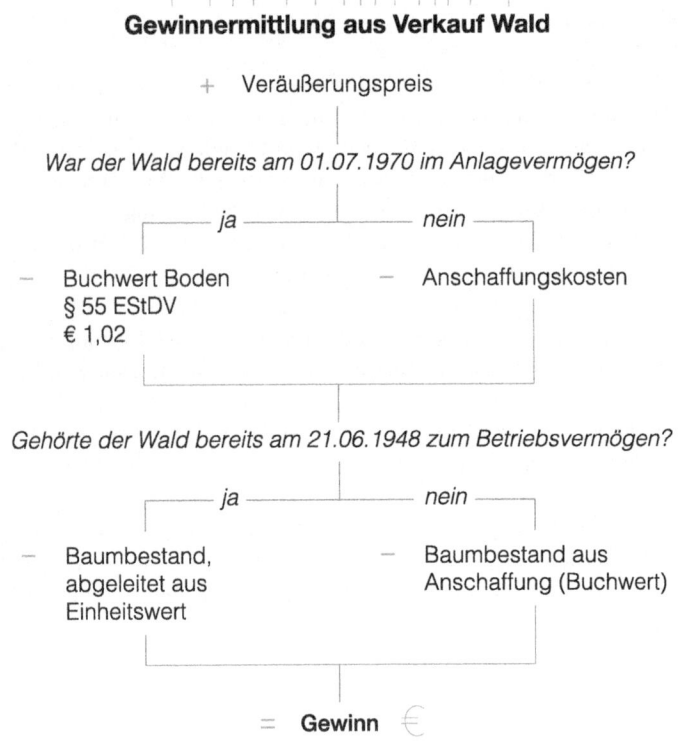

**Abb. 6.1** Übersicht Gewinnermittlung beim Verkauf von Wald. Grafik: Astrid van Kimmenade

## 6.2 Versteuerung von Gewinn

Beim Verkauf von Waldflächen lässt sich der Gang zum einschlägig versierten Steuerberater kaum vermeiden, weil nur so die korrekte Ermittlung des Gewinns und die Inanspruchnahme von allen Vergünstigungen gewährleistet ist. Wie bereits beim Kauf erwähnt, so gilt natürlich auch beim Verkauf von Wald, dass der Kaufpreis auf den Grund und Boden und den Baumbestand (aufstehendes Holz) aufgeteilt wird.

Wenn Käufer und Verkäufer den Kaufpreis nicht selber aufteilen, werden stattdessen folgende Standardwerte übernommen:

**Waldflächen bis 5 ha:**
Hier werden die Kosten pauschal aufgeteilt: 40 % des Kaufpreises entfallen auf den Grund und Boden, 60 % auf das aufstehende Holz.

**Waldflächen 5 bis 10 ha:**
Die Aufteilung erfolgt durch das zuständige Finanzamt unter Berücksichtigung der von den Forstsachverständigen herausgegebenen Bestandswerttabellen.

**Waldflächen über 10 ha:**
Die Aufteilung erfolgt durch die zuständigen Forstsachverständigen.

Zur Erinnerung hier noch einmal zusammengefasst, wie sich die Aufteilung des Kaufpreises für Käufer und Verkäufer auswirkt:

Der Kaufpreis für Grund und Boden ist nie abschreibungsfähig, der für das aufstehende Holz im Falle eines Kahlschlages aber schon. Sofern der Käufer des Waldes Gewinne aus der Veräußerung anderer Waldflächen erzielt hat und er für diese Gewinne eine Rücklage gebildet hat (nach § 6 b EStG), kann er diese Rücklage übertragen. Dabei können Gewinne aus dem Verkauf von Grund und Boden sowohl auf Grund und Boden als auch auf aufstehendes Holz übertragen werden, Gewinne aus dem Verkauf von aufstehendem Holz können jedoch nur auf aufstehendes Holz und nicht auf Grund und Boden übertragen werden. Diese beiden Faktoren sorgen dafür, dass der Käufer das Ziel verfolgt, einen möglichst hohen Anteil des Kaufpreises für den Aufwuchs zu veranschlagen.

Der Verkäufer im Gegenzug kann den Anteil des Gewinns, der aus der Veräußerung von Grund und Boden erzielt wird, auf Investitionen in Grund und Boden und in Aufwuchs übertragen. Gewinne aus der Veräußerung von Aufwuchs können nur auf neu erworbenen Aufwuchs übertragen werden (nach § 6 b EStG). Deshalb wird der Verkäufer sich einen möglichst hohen Anteil des Kaufpreises für den Grund und Boden wünschen, weil er dadurch mehr Übertragungsmöglichkeiten hat.

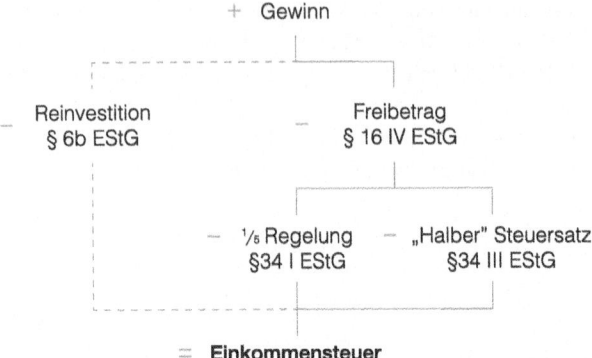

**Abb. 6.2** Übersicht: Besteuerung von Gewinn beim Verkauf eines Forstbetriebes. Grafik: Astrid van Kimmenade

## 6.3 Steuerliche Begünstigung des Gewinns beim Waldverkauf

Der Verkauf eines Betriebes stellt in der Regel ein einmaliges Ereignis im Berufsleben eines Steuerpflichtigen dar. Das gilt auch für den Forstwirt. Da nicht selten der Veräußerungserlös Teil der Altersvorsorge darstellt, begünstigt der Gesetzgeber diese Gewinne in mancherlei Hinsicht (Abb. 6.2).

### 6.3.1 Freibetrag

Wenn ein Forstwirt seinen gesamten Wald verkauft, so zählt dies als Betriebsaufgabe. Dabei ist es unerheblich, ob er den Wald komplett als Ganzes oder in mehrere Teile aufgeteilt verkauft, solange diese Verkäufe zeitnah nacheinander abgewickelt werden und dabei kein Waldstück zurückbehalten wird, das dann weiter als Forstbetrieb gelten würde.

In einem solchen Fall ist der beim Verkauf erzielte Gewinn steuerpflichtig (nach § 14 EStG). Allerdings gewährt der Gesetzgeber dabei einen Freibetrag (gem. § 16 Abs. 4 EStG), wenn der Verkäufer des Waldes …

- das 55. Lebensjahr vollendet hat oder

## 6.3 Steuerliche Begünstigung des Gewinns beim Waldverkauf

- im sozialversicherungsrechtlichen Sinne dauernd berufsunfähig ist.

Wenn eine dieser Bedingungen gegeben ist, bleibt der Gewinn bis 45.000 € steuerfrei. Der volle Freibetrag gilt allerdings nur für Veräußerungen, bei denen der Gewinn unter 136.000 € liegt (der sogenannte Abschmelzbetrag)! Ansonsten wird der Freibetrag um genau den Betrag reduziert (bzw. abgeschmolzen), um den der Gewinn aus dem Waldverkauf den Betrag von 136.000 € übersteigt. Das bedeutet: Ab einem Gewinn von 181.000 € entfällt der Freibetrag komplett.

**Beispiel**

Der 57-jährige Simon verkauft seinen gesamten Forstbetrieb und erzielt dabei einen Gewinn von 150.000 €. Da er sonst keine weiteren Betriebe verkauft, nimmt er den ihm zustehenden Freibetrag in Anspruch.

Der zu versteuernde Gewinn ermittelt sich dann wie folgt: 150.000 € Gewinn abzüglich des Abschmelzungsbetrages von 136.000 € ergibt 14.000 €. Deshalb wird der Freibetrag von 45.000 € um 14.000 € gemindert und beträgt damit noch 31.000 €.

Dieser verbleibende Freibetrag wird jetzt von den 150.000 € abgezogen: Simon macht durch seinen Verkauf also einen steuerpflichtigen Gewinn von 119.000 €.◄

Übrigens wird dieser Freibetrag jedem Steuerpflichtigen nur einmal im Leben gewährt! Er kann sowohl bei der Betriebsaufgabe eines Forstbetriebs als auch für einen Gewerbebetrieb oder eine selbständige Tätigkeit in Anspruch genommen werden. Wer also mehrere solche Betriebe verkaufen kann oder muss, der sollte genau überlegen, bei welchem Veräußerungsanlass der Freibetrag am besten in Anspruch genommen wird.

Wenn ein Forstwirt nur Teilflächen verkauft, so handelt es sich übrigens nicht um eine Betriebsaufgabe. In diesem Fall wird deshalb der genannte Freibetrag nicht gewährt. Vielmehr wird beim Verkauf von Teilflächen der komplette Veräußerungsgewinn aus diesen Flächen versteuert.

### 6.3.2 Tarifermäßigung beim Waldverkauf

Wenn der Forstbetrieb komplett aufgegeben wird, darf sich der Verkäufer abgesehen vom bereits genannten Freibetrag zusätzlich über einen vergünstigten Steuersatz für den beim Verkauf erzielten Gewinn freuen (§ 34 EStG). Auch mit diesem Instrument trägt der Gesetzgeber dem Umstand Rechnung, dass diese zusammengeballte Erzielung von Einnahmen einen gewissen Ausnahmecharakter hat.

Zunächst gibt es die sogenannte Fünftel-Regelung (gem. § 34 Abs. 1 EStG). Sie gilt für alle Veräußerer von Betrieben und errechnet sich wie folgt: Der Waldbesitzer nimmt sein komplettes zu versteuerndes Einkommen und rechnet anschließend ein Fünftel des Gewinnes dazu, den er durch den Verkauf seines Waldes erzielt hat. Anhand dieses Betrages wird der Einkommensteuersatz festgelegt, der dadurch, dass vier Fünftel der Einnahmen aus dem Waldverkauf nicht berechnet werden, niedriger ausfällt als der Steuersatz für die kompletten Einnahmen.

Dieser reduzierte Steuersatz wird jetzt auf den kompletten Gewinn aus dem Verkauf des Forstbetriebes angewandt. Für den Rest der Einnahmen des Steuerzahlers gilt jedoch der höhere Steuersatz, der sich aus den kompletten Einnahmen inkl. der Gewinne durch den Waldverkauf errechnet.

Hört sich kompliziert an, lässt sich aber relativ einfach umsetzen, wie das folgende Beispiel demonstriert.

### Beispiel

Christina ist 40 Jahre alt und hat ein zu versteuerndes Jahreseinkommen von 20.000 €. Aus dem Verkauf ihres Forstbetriebes erzielt sie einen Gewinn von 50.000 €.

Bei einem zu versteuernden Einkommen von 20.000 € beträgt die Einkommensteuer normalerweise rund 2500 €. Durch den Verkauf steigt Christinas Einkommen jedoch auf 70.000 €. Müsste sie dieses Einkommen komplett mit dem normalen Satz versteuern, würde sie rund 22.000 € Einkommensteuer bezahlen.

Durch die steuerliche Begünstigung darf Christina für den Gewinn aus dem Waldverkauf einen Steuersatz verwenden, der anhand eines Einkommens von 30.000 € berechnet wird (die regulären 20.000 € plus ein Fünftel der 50.000 € Gewinn aus dem Waldverkauf). Das bedeutet: Für die 50.000 € Gewinn aus dem Waldverkauf muss Christina lediglich rund 10.000 € Steuern zahlen, während die 20.000 € ihres regulären Einkommens mit dem höheren Steuersatz für die kompletten 70.000 € versteuert werden, was rund 6000 € ergibt.

Ergebnis der Rechenspielerei: Statt 22.000 € muss Christina nur 16.000 € Steuern zahlen! Sie spart durch die Fünftel-Regelung also rund 6000 € Einkommensteuer.◄

## 6.3 Steuerliche Begünstigung des Gewinns beim Waldverkauf

Für alle Waldverkäufer, die zusätzlich die Bedingungen für den Freibetrag erfüllen, also ...

- das 55. Lebensjahr vollendet haben oder
- im sozialversicherungsrechtlichen Sinne dauernd berufsunfähig sind,

gibt es aber einmal im Leben eine noch günstigere Regelung: Sie können statt der gewöhnlichen Besteuerung des Gewinns einen um 56 % reduzierten Steuersatz für ihren aus dem Waldverkauf erzielten Gewinn anwenden (gem. § 34 Abs. 3 EStG). Dieser enorme Vorteil darf bei Gewinnen bis zu 5.000.000 € in Anspruch genommen werden. Auch hier gilt: Das reguläre Einkommen wird weiterhin normal besteuert, wobei auch der Gewinn aus dem Waldverkauf für die Berechnung des Steuersatzes herangezogen wird. Um die Auswirkungen zu verdeutlichen, wenden wir die Regelungen auf das oben genannte Beispiel an.

### Beispiel

Christina hat ein reguläres Einkommen von 20.000 €. Durch den Verkauf ihres Waldes erzielt sie einen Gewinn von 50.000 €. Nehmen wir nun einmal an, dass Christina nicht 40, sondern 56 Jahre alt ist.

Dann dürfte Christina den oben genannten Freibetrag in Höhe von 45.000 € komplett nutzen und müsste somit nur noch 5000 € ihres Gewinnes aus dem Verkauf ihres Forstbetriebes versteuern. Leider hat Christina diesen Freibetrag bereits für den Verkauf ihres Gewerbebetriebs in Anspruch genommen.

Folglich müsste sie ihre Einnahmen von 70.000 € komplett versteuern. Wegen ihres Alters kann sie nun aber statt der Fünftel-Regelung einen um 56 % reduzierten Steuersatz für ihren Waldverkauf in Anspruch nehmen.

Das ergibt folgende Rechnung: Bei 70.000 € liegt der Steuersatz bei 30 %, weshalb sie für ihr reguläres Gehalt 6000 € Einkommensteuern zahlt (30 % von 20.000 €). Für die 50.000 € Gewinn aus ihrem Waldverkauf darf sie den Steuersatz um 56 % reduzieren, was einem Steuersatz von 13,2 % entspricht. Auf diese Weise muss sie für den Gewinn aus dem Waldverkauf nur 6600 € (13,2 % von 50.000 €) zahlen, insgesamt also 12.600 €. Im Vergleich zur Fünftel-Regelung spart sie also noch einmal 3400 € zusätzlich!◄

Wer sich fragt, welche Regelung am günstigsten ist: Am besten kommen Waldverkäufer weg, die den Freibetrag und zugleich den um 56 % vergünstigten

Steuersatz in Anspruch nehmen können. Ob ohne oder mit Freibetrag: Im direkten Vergleich zur Fünftel-Regelung ist der um 56 % reduzierte Steuersatz immer die günstigere Lösung.

Wer also mehr oder weniger kurz vor der Vollendung des 55. Lebensjahres steht, sollte mit dem Verkauf des Waldes – wenn möglich – warten, bis der vergünstigte Steuersatz angewandt werden kann, eventuell sogar in Kombination mit dem Freibetrag!

### 6.3.3 Steuervorteile bei Reinvestition des Gewinns

Was könnte noch besser sein, als einen extrem reduzierten Steuersatz auf Gewinne aus einem Waldverkauf zu zahlen? Gar keine Steuern zahlen – oder zumindest erst viel später!

Dies funktioniert, wenn der Waldverkäufer eine Ersatzinvestition vornimmt. Dabei ist es egal, ob die Investition in einem neuen Forstbetrieb, einem landwirtschaftlichen Betrieb, einem Gewerbebetrieb oder einem freien Beruf erfolgt.

Es ist jedoch nicht egal, in was genau investiert wird. Wie wir bereits beschrieben haben, teilt sich der Veräußerungsgewinn auf, und zwar in einen Teil für den Grund und Boden und einen Teil für den Baumbestand, auch stehendes Holz oder Aufwuchs genannt. Für Investitionen, die im selben Jahr oder im Vorjahr getätigt werden, können diese Gewinne nach folgenden Regeln angerechnet werden (nach § 6b EStG):

- der Anteil der Gewinne aus der Veräußerung von Grund und Boden können steuerlich neutralisiert werden durch die Übertragung auf Investitionen in Grund und Boden, Aufwuchs, Gebäude, Maschinen oder Ausstattung.
- der Anteil der Gewinne aus der Veräußerung von Aufwuchs (Bäume/ Holz) können steuerlich neutralisiert werden durch die Übertragung auf Investitionen in Aufwuchs, Gebäude, Maschinen oder Ausstattung – aber eben nicht in Grund und Boden.

Sollte weder im Jahr des Verkaufs noch im Vorjahr eine solche Investition getätigt worden sein, so kann der Verkäufer eine sogenannte „gewinnmindernde Rücklage" (im Sinne von § 6 b Abs. 3 EStG) bilden. Diese Rücklage kann auf in der Zukunft getätigte geschäftliche Investitionen übertragen werden. Sie muss jedoch in den vier Wirtschaftsjahren nach dem Verkauf des Waldes genutzt werden. Bei Gebäuden erweitert sich dieser Zeitraum auf sechs Jahre. Wurde die Rücklage bis

## 6.3 Steuerliche Begünstigung des Gewinns beim Waldverkauf

dahin jedoch nicht genutzt, muss sie aufgelöst werden: Dann wird die Rücklage als Gewinn behandelt und muss versteuert werden.

> **Beispiel**
>
> Dieter ist Elektriker. Er verkauft im Jahr 2018 seinen Wald und erzielt einen Gewinn von insgesamt 500.000 €. Auf den Grund und Boden entfallen dabei 300.000 €, auf den Aufwuchs 200.000 €. Dieter bildet eine Rücklage in Höhe des kompletten Gewinns und zahlt deshalb zunächst keine Einkommensteuer auf diese Gewinne.
>
> Im Jahr 2020 verwirklicht sich Dieter den Traum von einem eigenen Betrieb als Elektriker: Er kauft ein Grundstück für 500.000 € und errichtet darauf noch im selben Jahr ein Werkstattgebäude für 400.000 €. Dafür überträgt Dieter unter anderem die Rücklagen aus seinem Waldverkauf: Den „geparkten" Gewinn aus dem Waldverkauf verrechnet er in Höhe von 300.000 € mit den Anschaffungskosten des Grundstücks und die 200.000 € Gewinn aus dem Aufwuchs mit den Anschaffungskosten des Gebäudes. Dieter hat seine „stillen Reserven" aus dem Wald in das Grundstück und das Gebäude für seinen Elektrobetrieb übertragen und damit ganz legal den Gewinn aus dem Waldverkauf steuerfrei gestellt. Die stillen Reserven schlummern nun im Elektrobetrieb. Da die Besteuerung bei einem späteren Verkauf des Elektrobetriebs sichergestellt ist, hat die Finanzverwaltung damit keine Bauchschmerzen. ◄

Durch Reinvestitionen können Gewinne aus dem Waldverkauf also zunächst steuerfrei gestellt werden. Das bedeutet allerdings nicht, dass diese Steuern wegfallen! Denn wenn Grundstücke oder Gebäude verkauft werden, auf die Rücklagen übertragen wurden, so fallen die Gewinne eben später an. Um die Auswirkungen zu verdeutlichen, führen wir das Beispiel fort.

> **Beispiel**
>
> Indem Dieter auf Grundstück und Werkstatt zu einem Teil Rücklagen übertragen hat, haben beide einen niedrigeren Buchwert und bilden sogenannte „stille Reserven".
>
> Als Dieter drei Jahre später merkt, dass ihm die Verantwortung für einen eigenen Betrieb zuviel wird, verkauft er Betrieb und Grundstück wieder. Den Verkaufspreis von 700.000 € muss er versteuern. Dazu gehören natürlich auch die Rücklagen, die er übertragen hat. Somit versteuert Dieter doch noch den Gewinn, den er durch den Waldverkauf erzielt hat … nur eben fünf Jahre später. ◄

Kastanie. stock.adobe.com – Basicmoments – Common Beech (Fagus sylvatica) Engraved antique illustration from Brockhaus Konversations-Lexikon 1908, aufbereitet von Isabel Winckler

# Umsatzsteuer für Waldbesitzer

Wie bereits erwähnt, haben Waldbesitzer automatisch einen Forstbetrieb. Damit sind Forstwirte auch umsatzsteuerliche Unternehmer (i.S.v. § 2 UStG) – ob sie wollen oder nicht. Dies gilt auch für Forstbetriebe, die vom Finanzamt als Liebhaberei eingestuft wurden.

Bei der Berechnung der Umsatzsteuer ist zu beachten, dass ein Steuerpflichtiger in Bezug auf die Umsatzsteuer immer nur ein einziges umsatzsteuerliches Unternehmen innehat. Nehmen wir zum Beispiel einen Waldbesitzer, der zugleich ein Gewerbe betreibt: Während bei der Einkommensteuer beide Unternehmen separat betrachtet und Einnahmen sowie Ausgaben sauber getrennt werden, gilt dies nicht für die Umsatzsteuer! In Bezug auf die Umsatzsteuer ist der Steuerpflichtige selbst das Unternehmen, und dieses umsatzsteuerliche Unternehmen umfasst sowohl den Forstbetrieb als auch das Gewerbe! Alle umsatzsteuerlich relevanten Einnahmen und Ausgaben aus den beiden Bereichen werden für Zwecke der Umsatzsteuer zusammen erklärt.

### Beispiel

Simon ist neben seinem Forstbetrieb als selbständiger Elektriker tätig. Auf dem Dach seines Wohnhauses betreibt er außerdem eine Photovoltaikanlage. Den erzeugten Strom verkauft er an seinen Netzbetreiber.

Das umsatzsteuerliche Unternehmen von Simon umfasst alle drei genannten Bereiche. Somit führt Simon bei der Umsatzsteuer-Erklärung auch alle umsatzsteuerlich relevanten Zahlen aus den drei Bereichen zusammen und erklärt sie zusammengefasst (oder „konsolidiert", wie der Fachmann sagt).◄

© Der/die Autor(en), exklusiv lizenziert durch Springer Fachmedien
Wiesbaden GmbH, ein Teil von Springer Nature 2021
T. Siegel und F. Siegel, *Besteuerung von privaten Wäldern*,
https://doi.org/10.1007/978-3-658-33163-4_7

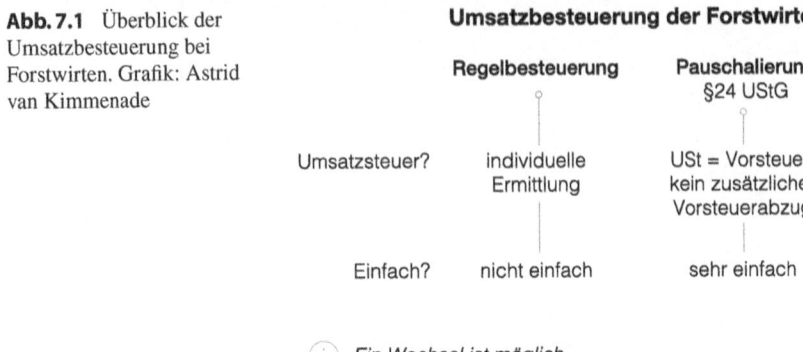

**Abb. 7.1** Überblick der Umsatzbesteuerung bei Forstwirten. Grafik: Astrid van Kimmenade

Forstbetriebe genießen allerdings auch bezüglich der Umsatzsteuer besondere Privilegien, die bei der steuerlichen Anmeldung berücksichtigt werden müssen. Von vorne herein wird beim Verkauf von den Erzeugnissen eines Forstbetriebes die verringerte Umsatzsteuer von 5,5 % berechnet, die auch für die Erzeugnisse aus landwirtschaftlichen Betrieben gilt. Aber es gibt noch weitere Vorteile und eigene Regelungen. Auf diese Besonderheiten gehen wir im Folgenden ein (Abb. 7.1).

## 7.1 Pauschalierende Forstwirte

Wie wir ja bereits erwähnt haben, können Forstwirte bei der Einkommensteuer ihre Betriebsausgaben unter bestimmten Umständen pauschalieren. Diese Möglichkeit besteht analog auch bei der Umsatzsteuer!

Es funktioniert wie folgt: Wenn Forstwirte die Erzeugnisse aus ihrem Forstbetrieb verkaufen, so müssen sie auf den Nettopreis 5,5 % Umsatzsteuer aufschlagen (§ 24 Abs. Satz 1 Nr. 1 UStG). Wenn sie sich für eine pauschalierte Berechnung der Umsatzsteuer entscheiden, dürfen sie aber zugleich eine fingierte Vorsteuer von 5,5 % abziehen (gem. § 24 Abs. 1 Satz 3 UStG)! Die Folge: Der Forstwirt berechnet eine Umsatzsteuer, muss sie aber nicht ans Finanzamt überweisen, sondern darf sie einfach behalten, weil ein Vorsteuerabzug in gleicher Höhe fingiert wird!

Dieses Ergebnis wirkt sich für den Forstwirt in der Regel sehr positiv aus:

## 7.1 Pauschalierende Forstwirte

Es wird pauschal eine abzugsfähige Vorsteuer unterstellt, die eventuell gar nicht existiert, falls keine Eingangsumsätze in Form von Rechnungen für im Rahmen des Forstbetriebs bezogene Lieferungen oder Leistungen vorhanden sind. Das lohnt sich besonders für Forstwirte, die den Großteil der Arbeiten im Wald selbst erledigen und zudem keine wesentlichen Investitionen tätigen müssen.

In jedem Fall braucht sich der Forstwirt nicht die Mühe zu machen, alle Regeln für die Abzugsfähigkeit von Vorsteuern zu erfüllen: Buchführung, Umsatzsteuer-Voranmeldungen erstellen, Rechnungsvorschriften beachten, Belege aufbewahren usw. entfallen!

Es gibt jedoch auch einen Nachteil: Für das, was Forstwirte tatsächlich anschaffen, dürfen sie keine Vorsteuer geltend machen. Wenn man bedenkt, dass auf viele dieser Anschaffungen keine 5,5 %, sondern 19 % Umsatzsteuer berechnet werden, muss genau kalkuliert werden, ob die pauschalierte Berechnung der Umsatzsteuer unterm Strich tatsächlich die beste Lösung darstellt.

### Beispiel

Max verkauft im Jahr 2020 Holz an seinen Holzhändler und erhält dafür 10.000 €. Der Händler berechnet die Gutschrift wie folgt: Holzverkauf 10.000 € zzgl. der für Erzeugnisse aus Forstbetrieben reduzierten Umsatzsteuer von 5,5 % (550 €), macht insgesamt 10.550 €, die er an Max auszahlt.

Das Holz hat Max selbst geschlagen und aus dem Wald geholt (oder, wie Forstwirte sagen: geschnitten und gerückt). Dafür hat er sich im selben Jahr diverse Schutzkleidung und Werkzeuge gekauft, die zusammen 1.000 € zzgl. 19 % Umsatzsteuer (190 €), also insgesamt 1.190 € gekostet haben.

Max berechnet die Umsatzsteuer pauschal. Deshalb kann er die 10.550 € behalten und muss keine Umsatzsteuer an das Finanzamt abführen. Für die Umsatzsteuer von 550 € fingiert das Gesetz Vorsteuern in gleicher Höhe. Die tatsächlich von Max gezahlte Umsatzsteuer in Höhe von 190 €, die er beim Kauf von Schutzkleidung und Werkzeugen mitgezahlt hat, kann er dafür nicht geltend machen. ◄

Die Umsatzsteuerpauschalierung gilt für alle Einnahmen aus dem Verkauf von forstwirtschaftlichen Erzeugnissen (gem. Abschn. § 24 .2 Abs. 4 UStAE, genauer Wortlaut: „für alle Lieferungen"). Darunter fallen unter anderem folgende Produkte:

Stammholz, Schwellenholz, Stangen, Schichtholz, Industrieholz, Brennholz, Pfähle und Reisig, aber auch Nebenerzeugnisse wie Forstsamen, Rinde, Baumharz, Weihnachtsbäume, Schmuckgrün, Waldstreu, Pilze und Beeren. Einzige Voraussetzung: Diese Produkte müssen tatsächlich aus der forstwirtschaftlichen Nutzung stammen.

> **Beispiel**
>
> Max entnimmt seinem Wald im Dezember junge Fichten und verkauft diese als Weihnachtsbäume. Außerdem verkauft er Weihnachtsbäume, die er auf einem angemieteten landwirtschaftlichen Grundstück großgezogen hat.
>
> Die Bäume aus dem Wald stellen eine forstwirtschaftliche Nutzung dar und werden mit 5,5 % umsatzsteuerlich pauschaliert. Die vom landwirtschaftlichen Grundstück stammenden Weihnachtsbäume stellen dagegen landwirtschaftliche Umsätze dar und müssen mit 10,7 % umsatzsteuerlich pauschaliert werden (gem. § 24 Abs. 1 Satz 1 Nr. 3 UStG). In beiden Fällen wird eine fingierte Vorsteuer in gleicher Höhe angerechnet und Max kann die erhobene Umsatzsteuer behalten. ◄

Übrigens: Die forstwirtschaftlichen **Leistungen,** die ein Forstwirt erbringt, sind nicht pauschalierungsfähig mit 5,5 % Umsatzsteuer (nach § 24 Abs. 1 Satz 1 Nr. 1 UStG) – in der Vorschrift werden nur **Lieferungen** aufgeführt! Leistungen, wie etwa Rückearbeiten, werden dagegen genau wie Produkte aus der Landwirtschaft pauschal mit 10,7 % Umsatzsteuer berechnet (§ 24 Abs. 1 Satz 1 Nr. 3 UStG). Das macht auch Sinn: Viele Forstwirte sind zugleich Landwirte und müssten sich ansonsten immer wieder entscheiden, ob sie gerade Leistungen als Forstwirt oder als Landwirt tätigen. Da auch hier die Regelung gilt, dass bei pauschalierter Abrechnung eine Vorsteuer in gleicher Höhe angerechnet wird, ist die höhere Umsatzsteuer für den Forstwirt aber sogar von Vorteil!

> **Beispiel**
>
> Max hilft befreundeten Forstwirten regelmäßig bei der Holzernte. Dafür verwendet er die für seinen Forstbetrieb angeschaffte Motorsäge. Er stellt den anderen Forstwirten Rechnungen.
>
> Weil es sich nicht um Lieferungen handelt, berechnet Max auf seinen Rechnungen 10,7 % Umsatzsteuer. Max berechnet seine Umsatzsteuer pauschaliert. Deshalb wird mit einer Vorsteuer in gleicher Höhe abgerechnet: Max kann die zusätzlichen 10,7 % also behalten! ◄

## 7.1 Pauschalierende Forstwirte

Auch pauschalierende Forstwirte sind berechtigt, Rechnungen auszustellen. Wenn der Empfänger der Lieferung oder der Leistung dies fordert, sind sie sogar dazu verpflichtet! Der Forstwirt muss in seinen Rechnungen den Pauschalierungssatz angeben (§ 25 Abs. 1 Satz 5 UStG). Im Holzhandel ist es außerdem üblich und auch zulässig, mit Gutschriften abzurechnen.

Es mag verführerisch klingen, in Rechnungen einen höheren Umsatzsteuersatz zu berechnen, da Forstwirte bei pauschalierter Abrechnung die Umsatzsteuer ja behalten dürfen und derjenige, der die Rechnung bezahlt, sich die Umsatzsteuer als Vorsteuer vom Finanzamt zurückholen kann (sofern er kein Endverbraucher ist) und somit auch keinen Nachteil davon hat. Schließlich sind wir es gewohnt, im Alltag bei fast allen Käufen und Dienstleistungen 19 % Umsatzsteuer zu bezahlen.

Dies sollte der Forstwirt auf keinen Fall tun! Denn wenn nicht die korrekte Umsatzsteuer angegeben wird, darf auch keine fingierte Vorsteuer in Anspruch genommen werden. Das bedeutet: Wenn ein Forstwirt für forstwirtschaftliche Lieferungen einen anderen Umsatzsteuersatz als 5,5 % oder für forstwirtschaftliche Leistungen einen anderen Umsatzsteuersatz als 10,7 % berechnet, schuldet er dem Finanzamt automatisch die komplette Umsatzsteuer – er darf keine fingierte Vorsteuer mehr anrechnen!

### Beispiel

Jörg ist pauschalierender Forstwirt. Er verkauft für 10.000 € Holz an seinen Holzhändler und weist zusätzlich 19 % Umsatzsteuer aus. Insgesamt bekommt Simon also 11.900 € überwiesen.

Eigentlich wäre die Differenz von der gesetzlich für Forstwirte vorgeschriebenen Umsatzsteuer von 5,5 % zur zu Unrecht ausgewiesenen Umsatzsteuer von 19 % also 13,5 %, was 1.350 € entspricht (gem. § 14 c UStG). Doch der Vorsteuerabzug wird nur gewährt, wenn der korrekte Umsatzsteuersatz angerechnet wurde! Deshalb schuldet Jörg dem Finanzamt die kompletten 1.900 € Umsatzsteuer und muss diese abführen. Seine einzige Chance: Er kann den Holzhändler bitten, gemeinsam eine Rechnungsberichtigung vorzunehmen. Zu diesem Zweck storniert Jörg im Einvernehmen mit dem Holzhändler die Rechnung mit dem falschen Umsatzsteuerausweis und stellt sodann eine richtige Rechnung aus. Zuviel bezahlte Beträge werden zurückbezahlt.◄

Wie bereits in der Einführung dieses Kapitels erwähnt, rechnet ein Forstwirt die Umsatzsteuer von all seinen umsatzsteuerlichen Unternehmen zusammen ab. Somit kann er neben den pauschalierten forstwirtschaftlichen Umsätzen auch regelbesteuerte Umsätze haben.

Wichtig in diesem Zusammenhang: Möglicherweise möchte der Forstwirt für die regelbesteuerten Umsätze die Kleinunternehmerregelung in Anspruch nehmen (gem. § 19 UStG). Ob er dies darf, orientiert sich am Gesamtumsatz: Das Limit liegt bei 22.000 € (nach § 19 Abs. 3 UStG). Leider müssen die Umsätze aus der Forstwirtschaft in diesen Gesamtumsatz jedoch mit eingerechnet werden, auch wenn sie durch die pauschalierte Abrechnung und die damit verbundene fingierte Vorsteuer für die Rückzahlung ohne Belang sind.

> **Beispiel**
>
> Max erzielt aus seiner Forstwirtschaft jedes Jahr 10.000 € Einnahmen, für die er die Umsatzsteuer pauschaliert abrechnet (nach § 24 UStG). Daneben betreibt er einen Internethandel für Forstwerkzeuge. Mit diesem erzielt Max einen Umsatz von 15.000 € im Jahr.
>
> Max kann für seinen Internethandel nicht die Kleinunternehmerregelung in Anspruch nehmen, da sein Gesamtumsatz (i.S.v. § 19 Abs. 3 UStG) bei 25.000 € und damit über der Grenze von 22.000 € liegt. Deshalb ist der Internethandel von Max umsatzsteuerpflichtig. Dies wirkt sich nicht auf die Pauschalierung der forstwirtschaftlichen Umsätze aus. ◄

Eine Besonderheit im Umsatzsteuerrecht stellen Umsätze dar, die zwischen zwei Betrieben getätigt werden, die beide demselben Steuerpflichtigen gehören. In diesem Fall sprechen Steuerfachleute von „Innenumsätzen". Auf solche Umsätze wird keine Umsatzsteuer erhoben, also weder die pauschalen Sätze auf Lieferungen und Leistungen des Forstbetriebes noch die Regelsätze. Damit entfallen automatisch auch alle Vorsteuerabzüge.

> **Beispiel**
>
> Simon ist Forstwirt und hat zugleich einen Elektrikerbetrieb. Für seinen Elektrikerbetrieb baut er eine Werkstatt. Dabei verwendet er für den Dachstuhl Holz, das er aus seinem eigenen Wald holt.
>
> Simon schreibt eine Rechnung: Sein Forstbetrieb stellt die Rechnung aus, Empfänger ist sein Elektrikerbetrieb. Er gibt auf der Rechnung keine Umsatzsteuer an, fügt dafür aber auf der Rechnung einen Hinweis ein, dass es sich um einen nicht steuerbaren Innenumsatz handelt. Der Vorsteuerabzug, den der Elektrikerbetrieb geltend machen könnte, wenn Simon das Holz von einem anderen Forstwirt bezogen hätte, entfällt in diesem Fall ebenso wie die fingierte Vorsteuer, die der Forstbetrieb in Anspruch nehmen und die Simon behalten könnte. ◄

## 7.2 Regelbesteuerung

Unserer Erfahrung nach sind es eher Ausnahmefälle, in denen sich für den Forstwirt statt der Anwendung der Pauschalierungsregelung die normale Regelbesteuerung lohnt. Dies kann der Fall sein, wenn erhebliche Vorsteuerüberhänge entstehen, z. B. durch den Kauf von Maschinen. In diesem Fall besteht für Forstwirte die Möglichkeit, auf die Pauschalierung zu verzichten und zur Regelbesteuerung zu wechseln (gem. § 24 Abs. 3 UStG). Ab diesem Zeitpunkt muss der Forstwirt bei seinen Verkäufen allerdings auch die reguläre Umsatzsteuer von derzeit 19 % berechnen.

Die Entscheidung zum Wechsel in die Regelbesteuerung muss er spätestens bis 10.01. für das gerade vergangene Jahr dem für den Forstbetrieb zuständigen Finanzamt mitteilen: Die Frist ist also eng! Denn zugleich will diese Entscheidung wohl überlegt sein: Mit dem Wechsel zur Regelbesteuerung legt sich der Forstwirt für fünf Jahre fest. Es ist also kein jährlicher Wechsel möglich, wie es bei der Betriebsausgabenpauschalierung im Rahmen der Einkommensteuer der Fall ist! Ein Forstwirt wechselt übrigens dann in die Regelbesteuerung, wenn er eine Umsatzsteuer-Voranmeldung oder eine Umsatzsteuererklärung mit erklärten Umsätzen nach dem Regelsteuersatz für seinen Forstbetrieb einreicht!

Sofern der Forstwirt auf die Pauschalierung verzichtet und zur Regelbesteuerung wechselt, könnte er bei einem Umsatz von weniger als 22.000 € theoretisch die Kleinunternehmerregelung (gem. § 19 Abs. 2 UStG) anwenden. Diese fällt aber für Forstwirte im Vergleich zur Pauschalierung deutlich weniger vorteilhaft aus. Somit wird bei der Entscheidung zur Regelbesteuerung in logischer Konsequenz immer auf die Kleinunternehmerregelung verzichtet.

Der entscheidende Vorteil bei der Regelbesteuerung: Der Forstwirt hat nun die Möglichkeit, Vorsteuern (gem. § 15 UStG) geltend zu machen. Da man sich für fünf Jahre festlegen muss, kann auch nur in Vorausschau auf den kompletten Zeitraum errechnet werden, ob der Wechsel zur Regelbesteuerung sich lohnt.

### Beispiel

Simon macht mit seinem Forstbetrieb Holzumsätze im Umfang von ca. 10.000 € jährlich. Er kauft sich im Jahr 2020 einen Rückewagen von einem Händler. Dieser kostet 30.000 € netto. Die Umsatzsteuer von 19 % beträgt 5.700 €, insgesamt bezahlt Simon also 35.700 €.

Wenn Simon keine Umsatzsteuererklärung gegenüber dem Finanzamt abgibt, werden seine Holzumsätze pauschaliert umsatzbesteuert. Dafür kann er keinen Vorsteuerabzug für den Kauf des Rückewagens geltend machen. Die

5,5 % Umsatzsteuer darf Simon aufgrund der fingierten Vorsteuer in gleicher Höhe behalten. Nach 5 Jahren hat er also Einnahmen in Höhe von 52.750 € (5 × 10.000 € für den Holzverkauf plus 5 × 550 € Umsatzsteuer).

Wenn Simon jedoch zur Regelbesteuerung wechselt und auf die Kleinunternehmerregelung verzichtet, kann er die Umsatzsteuer für den Rückewagen als Vorsteuer geltend machen. Dafür muss er beim Holzverkauf 19 % Umsatzsteuer berechnen, die er immer komplett an das Finanzamt überweist. Das bedeutet: Simon bleiben die 50.000 € für den Holzverkauf, dazu kommen jedoch die 5.700 € Umsatzsteuer für den Rückewagen, die er nun als Vorsteuer geltend machen kann. Simons Einnahmen liegen also bei 55.700 € … und falls er in den folgenden 5 Jahren im Rahmen seines Forstbetriebes weitere Ausgaben hat, kann er für diese ebenfalls die Vorsteuer anrechnen.

Fazit: Für Simon macht der Wechsel zur Regelbesteuerung in diesem Fall Sinn!◄

Der Wechsel zur Regelbesteuerung gilt immer für ein ganzes Kalenderjahr. Ein Wechsel mitten im Jahr ist somit nicht möglich. Wenn ein Forstwirt nach fünf Jahren zur pauschalierten Besteuerung zurückkehren will, muss er die Regelbesteuerung nach Ablauf der fünf Jahre widerrufen. Dabei gilt wieder der 10.01. als Stichtag, bis zu dem das Finanzamt über den gewünschten Wechsel zur pauschalierten Abrechnung der Umsatzsteuer für das vorangegangene Kalenderjahr informiert werden muss. Setzen wir dafür das obige Beispiel fort.

### Beispiel

Simon hat viele Investitionen getätigt. Sein Forstbetrieb ist nun gut mit allem Nötigen ausgestattet. Für die nächsten Jahre rechnet Simon nicht damit, dass weitere größere Investitionen getätigt werden müssen.

Deshalb wechselt er zum frühestmöglichen Zeitpunkt in die pauschalierte Abrechnung der Umsatzsteuer zurück. Da er für das Jahr 2020 erstmalig die Regelbesteuerung angewendet hat, kann er frühestens 2025 wieder zur pauschalierten Umsatzsteuer wechseln. Dazu muss Simon das zuständige Finanzamt bis spätestens zum 10.01.2026 über den gewünschten Wechsel informieren.◄

Wenn Wirtschaftsgüter ausschließlich für den Forstbetrieb genutzt werden, kann ein Forstwirt sich leicht ausrechnen, welche Regelung für ihn die bessere ist. Komplizierter wird es, wenn Wirtschaftsgüter teilweise auch privat oder für ein anderes Unternehmen des Forstwirtes genutzt werden.

## 7.2 Regelbesteuerung

Um die Vorsteuer für den Forstbetrieb geltend machen zu können, muss der Forstwirt sich für die Regelbesteuerung entscheiden und auf die Kleinunternehmerregelung verzichten. Außerdem muss er das Wirtschaftsgut dem Forstbetrieb zuordnen und zu mehr als 10 % für den Betrieb nutzen. Die private Nutzung des Wirtschaftsgutes muss der Forstwirt dann jährlich als unentgeltliche Wertabgabe erfassen und der Umsatzsteuer unterwerfen.

Die Entscheidung, ein gemischt genutztes Wirtschaftsgut dem umsatzsteuerlichen Unternehmen zuzuordnen, muss der Forstwirt bis zum 31.05. des Folgejahres dem Finanzamt bekannt geben. Dies geschieht gewöhnlich im Rahmen der Abgabe der Umsatzsteuererklärung. Forstwirte, die sich steuerlich beraten lassen, müssen jedoch aufpassen! Denn der Steuerberater genießt zwar verlängerte Abgabefristen für die Umsatzsteuererklärung, nicht jedoch die dokumentierte Bekanntgabe der Zuordnung eines Wirtschaftsgutes zum Unternehmen! Gegebenenfalls sollte der Forstwirt (oder sein Steuerberater) die Zuordnung also unabhängig von der Umsatzsteuererklärung abgeben.

**Beispiel**

Sieglinde ist regelbesteuernde Forstwirtin. Sie kauft im Januar 2020 eine Kreissäge zum Preis von 4.000 € zzgl. 19 % Umsatzsteuer (760 €). Sie nutzt die Kreissäge zu 50 % für ihren Forst und zu 50 % für private Bastelzwecke.

Sieglinde schickt im Rahmen ihrer Umsatzsteuererklärung eine Zuordnungsentscheidung der Kreissäge in ihr umsatzsteuerliches Unternehmen an das Finanzamt und bekommt die komplette Vorsteuer zurück. Für die private Nutzung muss sie jedoch jährlich Umsatzsteuer auf die unentgeltliche Wertabgabe abführen. Diese berechnet sich aus den Kosten für die Säge, den Anteil der privaten Nutzung und den Zeitraum, der für die Abschreibung der Säge in den AfA-Tabellen festgelegt ist (diese kennen wir ja bereits aus der Einkommensteuer).

Konkret sieht das wie folgt aus: Die Vorsteuer für den Kauf der Kreissäge in Höhe von 760 € holt sich Sieglinde mit der Umsatzsteuererklärung für das Jahr 2020 vom Finanzamt zurück. Ab 2020 führt sie für die private Nutzung der Säge anteilig Umsatzsteuer ab. Da die Kreissäge laut AfA-Tabelle über 8 Jahre abgeschrieben wird, beträgt die jährliche Abschreibung 500 €. Sieglinde nutzt die Kreissäge zu 50 % privat. Deshalb berechnet sie auch 50 % von der jährlichen Abschreibung: macht 250 €. Für diese Hälfte berechnet Sieglinde nun die 19 % Umsatzsteuer: macht 47,50 €. Diesen Betrag führt Sieglinde für die private Nutzung der Kreissäge im Rahmen ihrer Umsatzsteuererklärung an das Finanzamt ab.◄

Die Umsatzsteuer wird immer für das Kalenderjahr ermittelt (gem. § 16 Abs. 1 Satz 2 UStG). Forstwirte, die sich in Bezug auf die Umsatzsteuer für die Regelbesteuerung entscheiden, müssen ihre Umsätze jeweils für ein Wirtschaftsjahr ihres Forstbetriebes zusammenfassen. Wenn das Wirtschaftsjahr des Forstbetriebes nicht mit dem Kalenderjahr übereinstimmt, müssen die Umsätze aus den betroffenen Wirtschaftsjahren auf das Kalenderjahr umgerechnet werden. Deshalb hier noch einmal die dringliche Empfehlung, für den eigenen Forstbetrieb das Kalenderjahr zum Wirtschaftsjahr zu wählen.

Doch auch in diesem Fall sollte ein Forstwirt nicht unterschätzen, wie viel Aufwand die korrekte Erstellung einer Umsatzsteuererklärung mit sich bringt. Wenn der Steuerberater sich darum kümmert, erzeugt dieser Zeitaufwand natürlich auch Kosten. Deshalb sollte ein Forstwirt genau überlegen, ob die Regelbesteuerung sich für ihn lohnt. Bei geringfügigen finanziellen Vorteilen empfiehlt sich die Option zur Umsatzsteuerpauschalierung.

## 7.3 Steuerliche Erklärung

Erzielt ein Forstwirt nur Umsätze aus umsatzsteuerlich pauschalierten Lieferungen seines Forstbetriebes und hat daneben keine umsatzsteuerlichen Umsätze aus anderen Tätigkeiten, kann er nach Rücksprache mit dem Finanzamt gewöhnlich auf die Abgabe einer Umsatzsteuererklärung verzichten, da ja auch keine Zahlungen anfallen.

Wer sich für die Regelbesteuerung entscheidet, der muss auch eine Umsatzsteuererklärung abgeben, sobald er irgendwelche Umsätze macht. Dies erfolgt online. Ein Formular der Umsatzsteuer-Jahreserklärung findet sich im Anhang dieses Buches.

Es macht Sinn, die Umsatzsteuererklärung zeitgleich mit der Einkommensteuererklärung abzugeben.

Die Umsatzsteuer ist – im Gegensatz zur Einkommensteuer – eine sogenannte Selbstveranlagungssteuer. Das heißt: Die Abgabe der Erklärung wirkt zugleich als Bescheid. Wenn das Finanzamt nichts zu beanstanden hat, gilt die Umsatzsteuererklärung einen Monat nach Abgabe als bestandskräftiger Bescheid, ohne dass dies vom Finanzamt noch einmal bestätigt werden muss.

## 7.3 Steuerliche Erklärung

Ergibt sich aus der Umsatzsteuererklärung ein Guthaben, wird das Finanzamt dieses innerhalb von einem Monat erstatten. Falls die Überweisung sich verzögert, sollte man beim Finanzamt nachfragen. Denn im umgekehrten Fall muss der Forstwirt selbst daran denken, dass die Nachzahlung innerhalb eines Monats nach Abgabe der Umsatzsteuererklärung gezahlt werden muss. Das sollte der Forstwirt besser nicht vergessen! Denn bei verspäteter Zahlung entstehen Säumniszuschläge von 1 % pro angefangenen Monat Verzug!

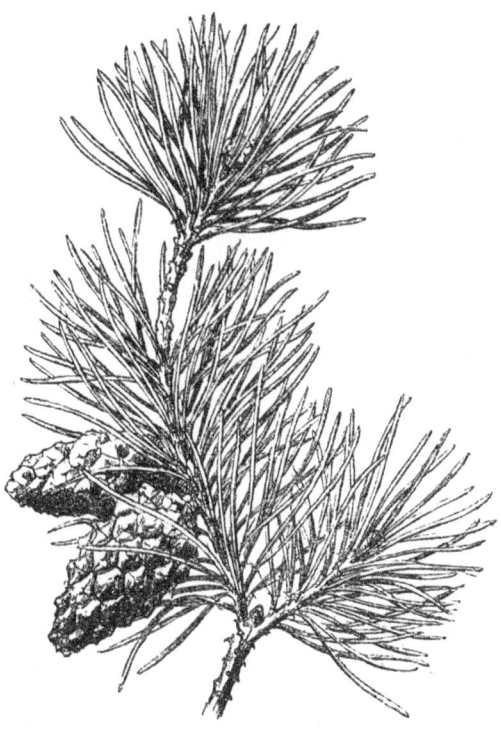

Kiefer. stock.adobe.com – ruskpp, aufbereitet von Isabel Winckler

# Substanzsteuern für Waldbesitzer 8

Wir sind bereits darauf eingegangen, wie sich Kauf, Verkauf, Erbe und Schenkung von Waldflächen auf die Einkommensteuer auswirken. Für Waldbesitzer gibt es allerdings weitere Steuern zu beachten: Das sind im Wesentlichen die Grunderwerbsteuer, die Grundsteuer und die Erbschafts- und Schenkungssteuer. Diese orientieren sich am Wirtschaftswert des Forstbetriebes, also der „Substanz" des Forstbetriebes. Deswegen nennen sich diese Steuern Substanzsteuern.

Gehen wir zunächst auf die Grunderwerbsteuer ein, da diese am einfachsten zu berechnen ist. Sie fällt weder bei Schenkung noch bei Erbschaft, sondern nur beim entgeltlichen Erwerb eines Forstes an. Sie muss einmalig bezahlt werden.

Bemessungsgrundlage für die Grunderwerbsteuer (GrESt) ist die Gegenleistung: Das ist in der Regel der zu zahlende Kaufpreis. Bei Tausch oder Tausch mit Baraufgabe (= zusätzlicher Bezahlung) müssen die Werte aller erhaltenen Wirtschaftsgüter in die Bemessungsgrundlage einbezogen werden. Die Bemessungsgrundlage umfasst nicht nur den Grund und Boden, sondern auch das aufstehende Holz, weil dieses fest mit dem Grund und Boden verbunden ist. Auf Grundlage dieses Wertes ergibt sich die Grunderwerbsteuer: Sie liegt je nach Bundesland, in dem der erworbene Wald liegt, zwischen 3,5 % und 6,5 %.

Kommen wir nun zu Grundsteuer, Erbschafts- und Schenkungssteuer. Obwohl auch sie auf die Substanz des Forstbetriebes erhoben werden, ist die Bemessungsgrundlage für diese Steuern nicht der tatsächliche Marktwert des Waldes. Vielmehr werden zwei verschiedene Berechnungsmethoden angewandt und der höhere Wert als sogenannter Wirtschaftswert des Forstbetriebes festgelegt.

Bevor wir diese jedoch genauer erklären, sei gesagt: Beide Methoden ergeben einen Wirtschaftswert des Forstbetriebes, der weit unterhalb des tatsächlich auf dem freien Markt erzielbaren Wertes liegt. Dies hat zur Folge, dass gerade bei kleinen Forstbetrieben Grundsteuer, Erbschafts- und Schenkungssteuer keine

© Der/die Autor(en), exklusiv lizenziert durch Springer Fachmedien
Wiesbaden GmbH, ein Teil von Springer Nature 2021
T. Siegel und F. Siegel, *Besteuerung von privaten Wäldern*,
https://doi.org/10.1007/978-3-658-33163-4_8

große Rolle spielen. Dies gehört zu den Privilegien, die Wald bei der Besteuerung genießt.

Nun aber zu den Berechnungsmethoden für den Wirtschaftswert eines Forstbetriebes! Die erste Berechnungsmethode untersucht die nachhaltige Ertragsfähigkeit des Waldes (gem. § 160 Abs. 2 Satz 1 Nr. 1 b BewG i.V.m. § 163 BewG). Diese hängt davon ab, welche Arten von Bäumen gerade auf dem Waldgrundstück wachsen. Auch der Zustand spielt eine Rolle. Deshalb wird jede Baumart in drei Ertragsklassen aufgeteilt. Beide Faktoren ergeben einen Reingewinn pro Hektar (gem. Anlage 15 zum BewG). Bei Mischwald wird mit dem niedrigsten Reingewinn (11 € pro Hektar) gerechnet, der auch für Kiefern der Ertragsklassen 2 und 3 gilt (Abb. 8.1).

Für den Wirtschaftswert wird der in der Tabelle angegebene Reingewinn erst mit der Fläche des Waldes in Hektar multipliziert. Anschließend wird das Ergebnis mit dem Faktor 18,6 multipliziert (wer es genau wissen will: Der Reingewinn wird mit einem Basiszinssatz von 4,5 % und einem Risikozuschlag von 1 % kapitalisiert, was einen Prozentsatz von 5,5 % und damit einen Kapitalisierungsfaktor von 18,6 ergibt – gem. § 13 Abs. 2 BewG).

Wichtig zu wissen: Waldbesitzer, deren Wald kleiner als 10 Hektar ausfällt, dürfen den Wirtschaftswert immer mit dem niedrigsten Reingewinn berechnen! Für sie wird die Rechnung einfach: Der Wirtschaftswert entspricht der Fläche in Hektar multipliziert mit 205,60 € (Kapitalisierungsfaktor 18,6 × 11 € Reingewinn).

Kommen wir nun noch zur zweiten Berechnungsmethode, die den Mindestwert des Waldes kalkuliert (gem. § 164 BewG). Für diesen Mindestwert werden zunächst für den Grund und Boden 5,40 € pro Hektar als Basiswert genommen. Der Wert des Baumbestandes wird anhand einer Tabelle festgelegt, die neben der Baumart und der Ertragsklasse auch das Alter der Bäume berücksichtigt. Dieser Wert wird zu den 5,40 € hinzugezählt. Das Ergebnis wird dann wieder mit der Fläche in Hektar und dem Faktor 18,6 multipliziert (Abb. 8.2).

Nachdem der Wirtschaftswert des Waldes nach beiden Methoden berechnet wurde, wird der höhere Wert für die Berechnung von Grundsteuer bzw. Erbschafts- oder Schenkungssteuer herangezogen. Doch egal, welche Berechnung am Ende vorne liegt: Der Wert fällt im Vergleich zum Verkehrswert (also dem Wert, der auf Basis aktueller Marktpreise erzielt werden könnte) deutlich niedriger aus.

**Bewertungsgesetz (BewG)
Anlage 15 (zu § 163 IV und § 164 II)
Forstwirtschafltiche Nutzung**

| Nutzungsart | Ertragsklasse | Reingewinn EUR/ha | Pachtpreis EUR/ha | Wert für das Besatzkapital EUR/ha |
|---|---|---|---|---|
| Baumartengruppe Buche | I. Ertragsklasse und besser<br>II. Ertragsklasse<br>III. Ertragsklasse und schlechter | 78<br>51<br>25 | | |
| Baumartengruppe Eiche | I. Ertragsklasse und besser<br>II. Ertragsklasse<br>III. Ertragsklasse und schlechter | 90<br>58<br>17 | | |
| Baumartengruppe Fichte | I. Ertragsklasse und besser<br>II. Ertragsklasse<br>III. Ertragsklasse und schlechter | 105<br>75<br>49 | 5,40 | Anlage 15a |
| Baumartengruppe Kiefer | I. Ertragsklasse und besser<br>II. Ertragsklasse<br>III. Ertragsklasse und schlechter | 26<br>11<br>11 | | |
| übrige Fläche der forstwirtschaftlichen Nutzung | – | 11 | | |

**Abb. 8.1** Reingewinn pro Hektar Wald nach dem Bewertungsgesetz. Grafik: Astrid van Kimmenade

## 8.1 Grundsteuer für Waldbesitzer – laufender Betrieb

Kurz zusammengefasst: Kleine Forstbetriebe zahlen für den Zeitraum bis 01.01.2025 in den meisten Fällen keine Grundsteuer. Der Grund: Derzeit gilt noch eine alte Regelung, bei der durch die Rundungsvorschrift (nach § 30 BewG) ermittelte Werte auf volle hundert DM abgerundet werden (ja, diese Regelung arbeitet tatsächlich noch mit der alten Währung!) und dadurch für kleine Waldflächen gewöhnlich ein Wert von 0 EUR herauskommt.

Hier etwas ausführlicher:

**Bewertungsgesetz (BewG)
Anlage 15a (zu § 164 IV)
Forstwirtschafltiche Nutzung**

Werte für das Besatzkapital nach Altersklassen in €/ha

| Altersklasse:<br>Jahre: | | I.<br>1–<br>20 | II.<br>21–<br>40 | III.<br>41–<br>60 | IV.<br>61–<br>80 | V.<br>81–<br>100 | VI.<br>101–<br>120 | VII.<br>121–<br>140 | VIII.<br>141–<br>160 | IX.<br>161–<br>180 | X.<br>>180 |
|---|---|---|---|---|---|---|---|---|---|---|---|
| | Ertrags-<br>klasse*: | | | | | | | | | | |
| Buche | I. | 32,30 | 32,30 | 39,70 | 61,90 | 99,70 | 147,60 | 179,00 | 167,30 | 167,30 | 167,30 |
| | II. | 19,30 | 19,30 | 22,20 | 34,60 | 54,80 | 83,30 | 104,20 | 99,60 | 99,60 | 99,60 |
| | III. | 6,70 | 6,70 | 7,00 | 12,20 | 21,30 | 33,70 | 45,10 | 44,60 | 44,60 | 44,60 |
| Eiche | I. | 38,30 | 38,50 | 45,90 | 60,90 | 80,20 | 102,50 | 129,30 | 155,40 | 177,70 | 200,40 |
| | II. | 22,80 | 22,80 | 25,60 | 33,80 | 45,50 | 58,90 | 76,30 | 93,80 | 107,30 | 120,90 |
| | III. | 5,40 | 5,40 | 5,50 | 8,00 | 12,00 | 17,20 | 23,00 | 29,90 | 37,50 | 44,20 |
| Fichte | I. | 45,20 | 61,50 | 112,50 | 158,60 | 186,20 | 186,20 | 186,20 | 186,20 | 186,20 | 186,20 |
| | II. | 30,70 | 35,90 | 68,30 | 102,60 | 123,80 | 133,60 | 133,60 | 133,60 | 133,60 | 133,60 |
| | III. | 18,40 | 18,90 | 34,90 | 59,20 | 77,70 | 88,40 | 88,40 | 88,40 | 88,40 | 88,40 |
| Kiefer | I. | 7,10 | 7,70 | 15,20 | 23,10 | 29,10 | 34,40 | 37,60 | 37,60 | 37,60 | 37,60 |
| | II. | 0,00 | 0,10 | 2,40 | 6,10 | 9,00 | 11,30 | 12,70 | 12,70 | 12,70 | 12,70 |
| | III. | 0,00 | 0,00 | 1,10 | 5,20 | 8,80 | 11,20 | 12,70 | 12,70 | 12,70 | 12,70 |

\*I. = I. Ertragsklasse und besser
II. = II. Ertragsklasse
III. = III. Ertragsklasse und schlechter

**Abb. 8.2** Tabelle zur Kalkulation vom Wert des Baumbestandes für den Mindestwert des Waldes. Grafik: Astrid van Kimmenade

Zur Grundsteuer gibt es eine Entscheidung des Bundesverfassungsgerichtes vom 10.04.2018 (1 BvL 11/14), das die derzeit geltende Grundsteuer für verfassungswidrig erklärt hat, weil sie gegen den Gleichheitsgrundsatz verstößt. Der Gesetzgeber wurde aufgefordert, bis 31.12.2019 eine Neuregelung auf den Weg zu bringen, die spätesten am 01.01.2025 in Kraft treten muss. Deshalb hat die Bundesregierung mit Beschluss vom 21.06.2019 den Entwurf des Grundsteuer-Reformgesetzes veröffentlicht.

Dieses neue Gesetz besagt, dass ab dem 01.01.2022 neue Grundsteuerwerte (früher Einheitswerte) festgestellt und diese für die Erhebung der Grundsteuer herangezogen werden. In der Zukunft werden die Werte alle sieben Jahre an die Marktverhältnisse angepasst. Die früher verwendeten Einheitswerte, die für den 01.01.1964 festgestellt wurden, gelten dann nicht mehr.

Sowohl bei den alten als auch bei den zukünftig zugrunde gelegten Werten bleibt die Kalkulation der Grundsteuer selbst jedoch gleich: Zunächst wird der Steuermessbetrag berechnet. Dieser ergibt sich aus dem Wirtschaftswert des Waldes und der Steuermesszahl, die auf 6 Promille festgelegt ist (gem. § 14 GrStG).

Auf diesen Steuermessbetrag wendet die Kommune, in der der Wald liegt, einen Hebesatz an und ermittelt so die Grundsteuer. Land- und Forstwirte zahlen die Grundsteuer A, während für den Rest der Bevölkerung mit Grundbesitz die Grundsteuer B gilt.

Da die bis 2024 geltenden Wirtschaftswerte weit unter den Marktwerten für Wald liegen und die Steuermesszahl mit 6 Promille recht gering ausfällt, muss bei kleineren Forstbetrieben im Normalfall keine Grundsteuer gezahlt werden. Dies könnte sich ändern, wenn die neue Regelung am 01.01.2025 in Kraft tritt, denn dann gelten die Grundsteuerwerte, die am 01.01.2022 festgelegt werden. Dies sollten Waldbesitzer also für die Zukunft im Auge behalten.

## 8.2　Erbschafts- und Schenkungsteuer

Bei kleinen Forstbetrieben spielt die Erbschaft- und Schenkungsteuer im Normalfall keine große Rolle. Dies hat zwei Gründe. Zum einen wird für Zwecke der Erbschaft- und Schenkungsteuer der recht niedrige Wirtschaftswert angesetzt, der – wie oben beschrieben – auch für Zwecke der Grundsteuer herangezogen wird. Zum anderen gibt es bei Erbschaften und Schenkungen, die ja gewöhnlich in der Verwandtschaft erfolgen, relativ hohe persönliche Freibeträge (gem. § 16 ErbStG), die in der Tabelle in Abb. 8.3 aufgelistet sind.

## Erbschaftsteuerklassen und -freibeträge

| Steuer-klasse | Erwerber (z. B. der Beschenkte, Erbe, Vermächtsnisnehmer, Pflichtteilsberechtigte) | Persönlicher Freibetrag (§ 16 ErbStG) |
|---|---|---|
| I | Ehegatte und Lebenspartner nach dem Lebenspartnerschaftsgesetz | 500.000 € |
| I | Kind und Stiefkind, Enkel, wenn die Eltern vorverstorben sind | 400.000 € |
| I | Enkel, wenn die Eltern noch leben | 200.000 € |
| I | Eltern und Großeltern im Erbfall; Urenkel und deren Abkömmlinge | 100.000 € |
| II | Eltern und Großeltern im Falle einer Schenkung, Geschwister, Neffen, Nichten, Stiefeltern, Schwiegerkinder, Schwiegereltern, geschiedener Ehegatte | 20.000 € |
| III | alle Übrigen (auch Paare ohne Trauschein) | 20.000 € |

**Abb. 8.3** Übersicht Freibeträge bei Erbschaft und Schenkung. Grafik: Astrid van Kimmenade

Diese Freibeträge stehen jedem Steuerpflichtigen alle zehn Jahre zu. Nach Abzug der Freibeträge ergibt sich beim Vererben oder Verschenken von kleineren Privatwäldern also in aller Regel keine Erbschaftsteuer oder Schenkungsteuer.

Würde wider Erwarten dennoch eine solche entstehen, würde die Einstufung von Wäldern als Betriebsvermögen sich als großer Vorteil erweisen, denn der Gesetzgeber verschont Betriebsvermögen bei Schenkung oder Erbschaft weitgehend von Steuern. Der Grund: Es kann nicht im Interesse von Unternehmen, Arbeitnehmern und Gesellschaft sein, dass Erben eines Unternehmens durch hohe Erbschaftssteuern dazu gezwungen werden, das Unternehmen ganz oder teilweise zu verkaufen und damit sowohl den Fortbestand des Unternehmens als auch viele volkswirtschaftlich wichtige Arbeitsplätze zu gefährden.

## 8.2 Erbschafts- und Schenkungsteuer

Obwohl das Arbeitsplatz-Argument für kleine Forstbetriebe normalerweise wohl nicht gilt, profitiert der Forstwirt dennoch von dieser Regelung. Es gibt für die Verschonung zwei Modelle (nach § 13 b ErbStG):

**Regelverschonung**
Vom Wirtschaftswert des Forstbetriebes wird ein Verschonungsabschlag von 85 % vorgenommen. Dieser Vorteil fällt allerdings weg, wenn der Erbe oder Beschenkte den Forstbetrieb innerhalb von fünf Jahren verkauft (§ 13 a Abs. 6 Satz 1 Nr. 2 ErbStG).

**Vollverschonung**
Wenn der Erbe oder Beschenkte den Forstbetrieb für sieben Jahre nicht verkauft, fallen überhaupt keine Steuern mehr an (Abb. 8.4): Der Wirtschaftswert wird zu 100 % verschont (§ 13 b Abs. 10 Satz 1 Nr. 6 ErbStG).

Übrigens muss bei Schenkung oder Erbe eines Forstbetriebes in der Regel nicht das für Erbschaft- und Schenkungsteuer zuständige Finanzamt informiert werden (gem. § 30 ErbStG), weil die Übertragung der Eigentumsrechte im Grundbuch über einen Notar erfolgt, der dabei immer auch das Finanzamt informiert.

Wird jedoch neben dem Forstbetrieb noch weiteres Vermögen geschenkt, kann es zu einer Anzeigepflicht kommen. Dann können gegebenenfalls auch Steuern fällig werden. In jedem Fall empfiehlt sich hier der Gang zum Steuerberater, da durch geschickte Nutzung bestehender Regeln eigentlich immer Steuern vermieden oder zumindest reduziert werden können.

**Abb. 8.4** Verschonung von Betriebsvermögen bei Erbe oder Schenkung. Grafik: Astrid van Kimmenade

> **Beispiel**
>
> Markus bekommt von seinem Vater 5 Hektar Wald und einen Geldbetrag von 400.000 € geschenkt. Diese Schenkung wurde dem Finanzamt ordnungsgemäß angezeigt. Der Wald hat einen Wirtschaftswert von 10.000 €.
> Da die Schenkung über einen notariellen Vertrag abgewickelt wurde, muss Markus diese Schenkung nicht beim Finanzamt melden: Der Notar schickt automatisch eine Abschrift des Vertrages an das Finanzamt.
> Mit der Schenkung der 400.000 € hat der Vater den Freibetrag, den Eltern innerhalb von 10 Jahren steuerfrei an ein Kind weitergeben dürfen, bereits ausgeschöpft. Deshalb muss Markus die Schenkung des Waldes eigentlich versteuern.
> Markus hat nun drei Möglichkeiten:
>
> 1. Wenn Markus den Wald innerhalb der nächsten 5 Jahre verkaufen will, so wählt er keine Verschonung. Da der Freibetrag von 400.000 € bereits ausgeschöpft wurde, muss er für den Wirtschaftswert des Waldes Schenkungssteuer zahlen. Bei 10.000 € und 7 % Schenkungssteuer ergibt das 700 €.
> 2. Wenn Markus beschließt, den Wald mindestens 5 Jahre zu behalten, darf er 85 % von dem Wirtschaftswert des Waldes abziehen. Damit bleiben 1.500 €, die Markus mit 7 % Schenkungssteuer versteuern muss: Es bleiben 105 € Schenkungssteuer.
> 3. Markus möchte den Wald behalten. Er wählt die Vollverschonung und kann somit den kompletten Wirtschaftswert des Waldes abziehen. Er muss keine Schenkungssteuer zahlen.
>
> Da Wald in den allermeisten Fällen eine langfristige Investition darstellt, wird gewöhnlich die unter Nr. 3 beschriebene Vollverschonung gewählt. ◄

Es gibt jedoch eine Vorschrift, die in der Praxis gerne übersehen wird und die einen Verkauf nach Schenkung oder Erbe sehr unattraktiv macht (§ 162 Abs. 3 BewG): Wird ein Forstbetrieb geschenkt oder vererbt, so wird er – wie bereits erwähnt – mit dem Wirtschaftswert angesetzt. Verkauft der neue Inhaber den Forstbetrieb jedoch innerhalb von 15 Jahren, so müssen rückwirkend die Liquidationswerte für diesen Forstbetrieb zum Zeitpunkt der Schenkung oder des Erbfalls versteuert werden.

Diese Liquidationswerte richten sich nach dem Bodenrichtwert, welcher wiederum von den örtlichen Gutachterausschüssen festgestellt wird (gem. § 166

BewG). Für fiktive Liquidationskosten darf zwar ein Abschlag von 10 % vorgenommen werden. Trotzdem liegen die Liquidationswerte in der Regel um ein Vielfaches über dem Wirtschaftswert! Verdeutlichen wir die Folgen anhand des obigen Beispiels.

### Beispiel

Markus verkauft nach neun Jahren den Wald. Da seit der Schenkung mehr als sieben Jahre vergangen sind, konnte er die Vollverschonung wahrnehmen. Der Bodenrichtwert für den Wald beträgt 10 € pro Quadratmeter. Durch den Verkauf des Waldes mit einem ursprünglichen Wirtschaftswert von 10.000 € ist dieser bewertungsrechtlich plötzlich 500.000 € wert!

Für Markus ändert sich dadurch jedoch nichts: Weil er den Wald länger als sieben Jahre behalten hat, kann er die Vollverschonung wählen: Die 500.000 € werden also zu 100 % abgezogen. Markus muss keine Schenkungsteuer zahlen. ◄

Die günstigen Konditionen bei der Vererbung und Schenkung von Waldbesitz können gezielt genutzt werden, um Erbschaftsteuer und Schenkungsteuer auf legale Weise zu verringern oder ganz zu vermeiden. Wie bereits oben angedeutet, lohnt sich diese Methode aber eigentlich nur, wenn der Waldbesitz zumindest fünf, besser jedoch sieben Jahre im Besitz des Erben oder Beschenkten bleibt.

### Beispiel

Frederik ist 60 Jahre alt und verfügt über 2.000.000 € Bankguthaben. Er ist verwitwet und hat einen Sohn. Da Frederik zusätzlich über eine stattliche Rente verfügt, will er seinem Sohn die 2.000.000 € schenken. Sein Steuerberater errechnet, dass für diese Schenkung 304.000 € Schenkungsteuer fällig wären. Frederik bittet den Steuerberater, eine „kostengünstigere" Alternative zu finden.

Der Steuerberater kennt Frederik schon lange und weiß deshalb, dass dessen Sohn Wald schon immer geliebt hat. Seine Lösung: Frederik kauft für seine 2.000.000 € ein Stück Wald und begründet einen Forstbetrieb. Dann schenkt Frederik diesen Forstbetrieb seinem Sohn.

Diese Schenkung ist von der Grunderwerbsteuer befreit. Weil der Sohn nicht vorhat, den Wald zu verkaufen, wählt er die Vollverschonung und muss keine Schenkungsteuer zahlen. Bleibt der Wald mehr als 15 Jahre im Besitz des Sohnes, so findet auch keine „Nachversteuerung" mit den Liquidationswerten statt.

Der Nachteil dieser Lösung: Der Forstbetrieb stellt steuerliches Betriebsvermögen dar. Somit muss der Sohn bei einem Verkauf des Waldes den Gewinn bei seiner Einkommensteuer angeben ... und dann könnte es sein, dass er trotz aller Möglichkeiten zur Steuerersparnis beim Waldverkauf am Ende sogar mehr Steuern zahlen muss. Somit sollte Frederik im Vorfeld sicher gehen, dass der Sohn den Wald auch wirklich behalten möchte.◄

Tanne. stock.adobe.com – Basicmoments – Common Beech (Fagus sylvatica) Engraved antique illustration from Brockhaus Konversations-Lexikon 1908, aufbereitet von Isabel Winckler

# KFZ-Steuer für Waldbesitzer 9

Auch für die Bewirtschaftung von kleineren Wäldern benötigt ein Forstwirt Maschinen und Fahrzeuge. Deshalb besteht unter gewissen Voraussetzungen die Möglichkeit, Fahrzeuge von der KFZ-Steuer befreien zu lassen (gem. § 3 Nr. 7 Kraftfahrzeugsteuergesetz).

Eines vorab: PKWs können grundsätzlich nicht von der KFZ-Steuer befreit werden, auch wenn sie zu 100 % für den Forstbetrieb genutzt werden. Für Forstwirte besteht jedoch sehr wohl die Möglichkeit, Anhänger und Zugmaschinen wie Traktoren von der KFZ-Steuer befreien zu lassen. Dies ist möglich, wenn diese ausschließlich für forstwirtschaftliche Zwecke verwendet werden.

Einen entsprechenden Antrag kann der Forstwirt beim zuständigen Hauptzollamt stellen. Das dafür notwendige Formular kann unter www.formulare-bfinv.de heruntergeladen werden. Außerdem finden Sie das entsprechende Formular im Anhang. Zusammen mit dem Antrag sind folgende Unterlagen einzureichen:

- der letzte Einkommensteuerbescheid, aus dem ersichtlich ist, dass man land- und forstwirtschaftliche Einkünfte hat
- ein Mitgliedsnachweis bei der forstwirtschaftlichen Berufsgenossenschaft
- der Nachweis über den Einheitswert der Land- und Forstwirtschaft für die betreffenden Flächen

© Der/die Autor(en), exklusiv lizenziert durch Springer Fachmedien Wiesbaden GmbH, ein Teil von Springer Nature 2021
T. Siegel und F. Siegel, *Besteuerung von privaten Wäldern*,
https://doi.org/10.1007/978-3-658-33163-4_9

> **Beispiel**
>
> Simon kauft sich für seinen Forstbetrieb einen 15 Jahre alten Suzuki Jimny mit Vierradantrieb. Zusätzlich kauft er sich einen einachsigen Anhänger. Beides verwendet er nur für seine forstwirtschaftlichen Zwecke: Dazu gehört das Bewegen von Werkzeugen und Pflanzen und die Beförderung des privaten Brennholzes aus dem Wald. Simon stellt beim zuständigen Hauptzollamt einen Antrag auf KFZ-Steuerbefreiung für den PKW und für den Anhänger.
>
> Das Hauptzollamt wird den Befreiungsantrag für den Suzuki Jimny ablehnen und dem Befreiungsantrag für den Anhänger stattgeben. PKWs können grundsätzlich nicht von der KFZ-Steuer befreit werden, auch wenn diese tatsächlich nur für forstwirtschaftliche Zwecke verwendet werden. Hätte Simon sich jedoch statt des Suzuki Jimny einen Traktor gekauft, hätte er beste Chancen gehabt, auch für das Fahrzeug von der KFZ-Steuer befreit zu werden. ◄

# 9 KFZ-Steuer für Waldbesitzer

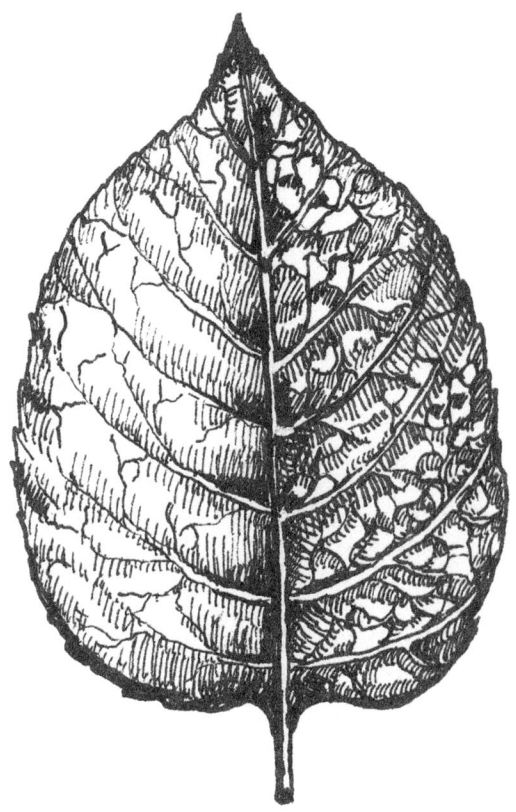

Weide. stock.adobe.com – Aleksandra Smirnova, aufbereitet von Isabel Winckler

# Anhang

## Empfohlene Literatur zur Bewirtschaftung von Wald

**Der eigene Wald: Privatwald optimal bewirtschaften**
Peter Wohlleben
152 Seiten, zweite überarbeitete Auflage, Verlag Eugen Ulmer 2014

**Wald im Nebenerwerb: Wenig Aufwand – gutes Geld (AgrarPraxis kompakt)**

Karsten Spinner und Frank Setzer
120 Seiten, zweite vollständig neu überarbeitete Auflage, DLG-Verlag 2015

## Empfohlene Fachliteratur für Steuerberater

**Besteuerung der Land- und Forstwirtschaft**
Jutta Braun, Michael Merx, Dieter K. Zens (Hrsg.)
971 Seiten, 9. aktualisierte Auflage, NWB Verlag 2019

**Besteuerung der Landwirte inkl. 38. Ergänzungslieferung: Einkommensteuer, Umsatzsteuer, Erbschaftssteuer**
Wilhelm Leingärtner, Hans J. Kanzler und Horst G. Zaisch
Loseblattsammlung, Verlag C.H. Beck 2020

© Der/die Herausgeber bzw. der/die Autor(en), exklusiv lizenziert durch
Springer Fachmedien Wiesbaden GmbH, ein Teil von Springer Nature 2021
T. Siegel und F. Siegel, *Besteuerung von privaten Wäldern*,
https://doi.org/10.1007/978-3-658-33163-4

Die Einkommensteuer bei Land- und Forstwirten
Rudi W. Märkle und Gerhard Hiller
830 Seiten, 12. Ausgabe, Richard Boorberg Verlag 2019

## Bundeswaldgesetz

Das Bundeswaldgesetz regelt alle rechtlichen Rahmenbedingungen für Waldbesitzer. Wer diese Regelungen mit allen Implikationen verstehen will, der kommt um ein Buch nicht herum: Den Kommentar zum Bundeswaldgesetz von Dr. Klaus Thomas.

Das Standardwerk bietet einen spannenden Überblick auf den Zustand des Waldes, seine historische Entwicklung und die zukünftige Entwicklung. Neue forst- und naturwissenschaftliche Erkenntnisse sorgen dafür, dass unbestimmte Rechtsbegriffe immer wieder hinterfragt werden müssen. Der Kommentar befasst sich deshalb mit vielen Themen, die mit Waldwirtschaft zu tun haben: Von Naturschutz, Bodenschutz und Vogelschutz über europäische Richtlinien zu nachhaltiger Bewirtschaftung bis hin zu Botanik, Genetik und Ökologie.

**Bundeswaldgesetz, Kommentar**
Dr. Klaus Thomas
438 Seiten, 3. Auflage, Kommunal- und Schul-Verlag Wiesbaden 2018

## Quellen im Internet

Infos zur Förderung für Waldbesitzer in Bayern:
https://www.waldbesitzer-portal.bayern.de/foerderung
Formulare vom Bundesministerium für Finanzen:
www.formulare-bfinv.de
Suchmaschine für Steuerberater:
https://www.dstv.de/suchservice/steuerberater-suchen

# Formulare, Listen und Anträge

**Anlage 1: Steuerlicher Erfassungsbogen**
Muss bei jeder Begründung einer Forstwirtschaft ausgefüllt und abgegeben werden, bei Kauf, Erbe, Schenkung.

Steuerlicher Erfassungsbogen

# Anhang

**Name**
lt. Zeile 2

**1.3 Betriebsstätten/Einrichtungen**
In der **Bundesrepublik Deutschland** werden folgende feste Geschäftseinrichtungen oder Anlagen unterhalten (z. B. Zweigniederlassungen, Büros, Fabrikationsstätten, Koordinierungsstellen, Geschäftsstellen, Verkaufsstellen, Kontore, Werkstätten, Warenlager):

lfd. Nr. **0 0 1** — Bezeichnung
Straße
Hausnummer | Hausnummerzusatz | Adressergänzung
Postleitzahl | Ort
Telefon: Vorwahl international | Vorwahl national | Rufnummer

lfd. Nr. **0 0 2** — Bezeichnung
Straße
Hausnummer | Hausnummerzusatz | Adressergänzung
Postleitzahl | Ort
Telefon: Vorwahl international | Vorwahl national | Rufnummer

Bei mehr als zwei Betriebsstätten/Einrichtungen: Gesondertes Einlageblatt Betriebsstätten (FsEEBiBs) mit fortlaufender Nummerierung ist beigefügt.

Welche Eigentums- und Besitzverhältnisse bestehen an den unter Zeilen 27 bis 37 genannten Einrichtungen und Anlagen?

lfd. Nr. **0 0 1** — 1 = Sie ist Eigentum der Körperschaft. **Bitte Kaufvertrag beifügen.**
2 = Sie wurde durch die Körperschaft gemietet, gepachtet oder geleast. **Bitte Vertrag beifügen.**

lfd. Nr. **0 0 2** — 1 = Sie ist Eigentum der Körperschaft. **Bitte Kaufvertrag beifügen.**
2 = Sie wurde durch die Körperschaft gemietet, gepachtet oder geleast. **Bitte Vertrag beifügen.**

Gesonderte Aufstellung mit fortlaufender Nummerierung ist beigefügt.

Im **Ausland** werden folgende feste Geschäftseinrichtungen oder Anlagen unterhalten (z. B. Zweigniederlassungen, Büros, Fabrikationsstätten, Koordinierungsstellen, Geschäftsstellen, Verkaufsstellen, Kontore, Werkstätten):

lfd. Nr. **0 0 1** — Bezeichnung
Straße
Hausnummer | Hausnummerzusatz | Adressergänzung
Postleitzahl | Ort | Staat
Telefon: Vorwahl international | Vorwahl national | Rufnummer

lfd. Nr. **0 0 2** — Bezeichnung
Straße
Hausnummer | Hausnummerzusatz | Adressergänzung
Postleitzahl | Ort | Staat
Telefon: Vorwahl international | Vorwahl national | Rufnummer

Bei mehr als zwei festen Geschäftseinrichtungen oder Anlagen: Gesonderte Aufstellung mit fortlaufender Nummerierung ist beigefügt.

2019FsEKapGAus062NET         2019FsEKapGAus062NET

**Steuerlicher Erfassungsbogen**

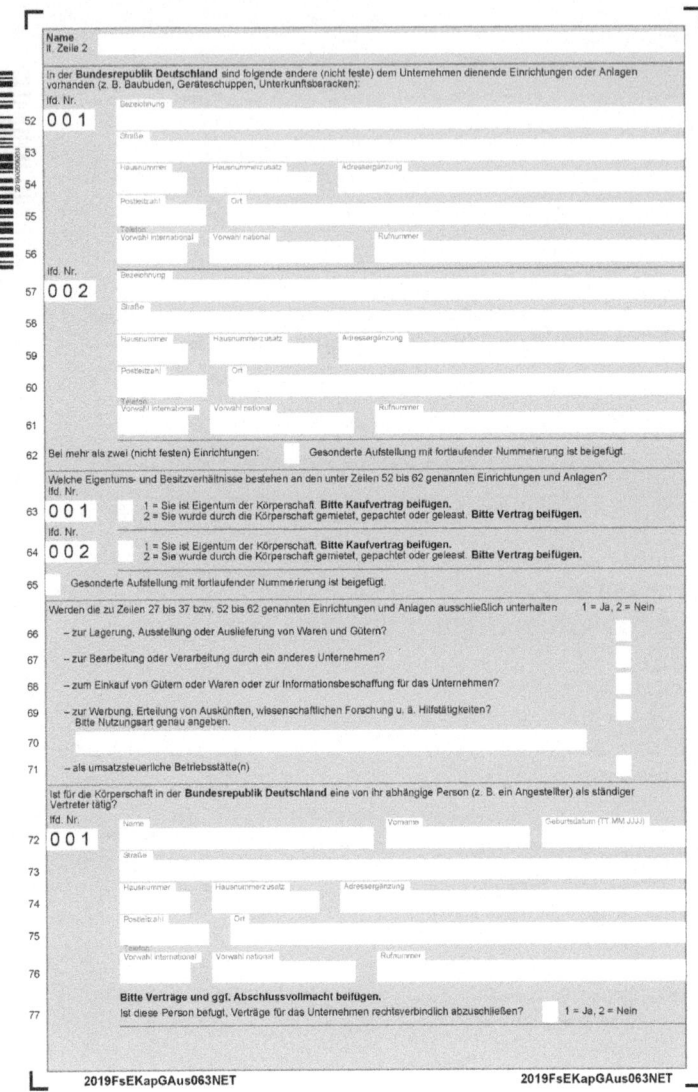

Steuerlicher Erfassungsbogen

# Anhang

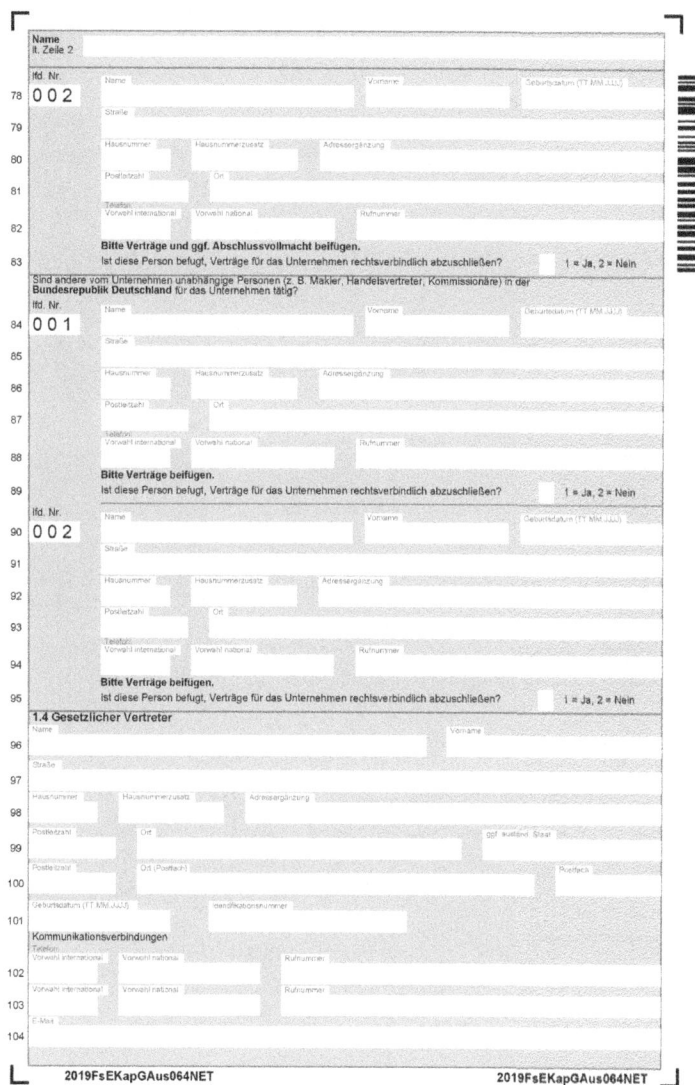

Steuerlicher Erfassungsbogen

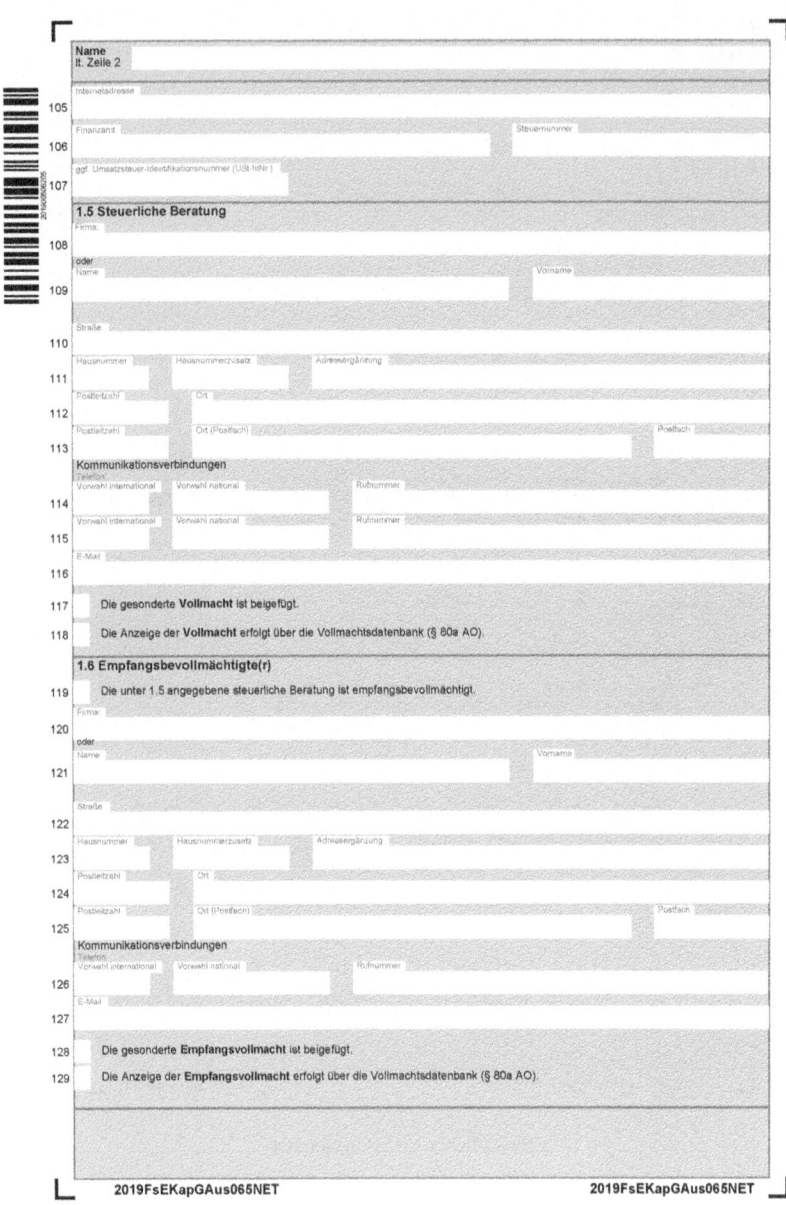

Steuerlicher Erfassungsbogen

# Anhang

**Name**
lt. Zeile 2

**1.7 Bankverbindung für Steuererstattungen/SEPA-Lastschriftverfahren**
Alle Steuererstattungen sollen an folgende Bankverbindung erfolgen:

130 IBAN (inländisches Geldinstitut) DE

131 IBAN (ausländisches Geldinstitut)

132 BIC z.u Zeile 131

133 **Kontoinhaber(in)** lt. Zeile 2
oder:

134 ggf. abweichende(r) Kontoinhaber(in), sofern aus Konto nicht auf den Namen der Gesellschaft lautet

Möchten Sie am SEPA-Lastschriftverfahren, dem für beide Seiten einfachsten Zahlungsweg, teilnehmen (nur für Inlandskonto)?
135 Ja. Das ausgefüllte SEPA-Lastschriftmandat ist beigefügt.

**1.8 Gesellschaftsvertrag und Eintragung in ein (ausländisches) amtliches Register (z. B. Handelsregister)**

In welchem Staat wurde die Körperschaft gegründet? Bitte Gesellschaftsvertrag und Auszug aus dem ausländischen Register beifügen!
136

Rechtsform der Körperschaft
137

138 Errichtung der Körperschaft durch Vertrag vom (TT.MM.JJJJ)

139 Eintragung wurde beantragt am (TT.MM.JJJJ) | Eintragung ist erfolgt am (TT.MM.JJJJ)

140 bei folgendem ausländischen Register | unter Ordnungsbegriff (z. B. Nummer)

141 für deutsche Niederlassung bei folgendem inländischen Register | unter Ordnungsbegriff (z. B. Nummer)

142 ggf. durch Notar Name | Vorname

143 Straße

144 Hausnummer | Hausnummerzusatz | Adressergänzung

145 Postleitzahl | Ort

146 Postleitzahl | Ort (Postfach) | Postfach

**1.9 Dauer der Tätigkeit in der Bundesrepublik Deutschland**

147 Beginn (TT.MM.JJJJ) | Voraussichtliches Ende (TT.MM.JJJJ) | Voraussichtliches Ende nicht bekannt | Ja

**1.10 Eröffnungsbilanz/Wirtschaftsjahr**

*Hinweis: Die Eröffnungsbilanz ist gemäß § 5b Abs. 1 Satz 4 EStG nach amtlich vorgeschriebenem Datensatz durch Datenfernübertragung zu übermitteln.*

Liegt ein vom Kalenderjahr abweichendes Wirtschaftsjahr vor?
148 Nein | Ja, vom (TT.MM.JJJJ) | bis (TT.MM.JJJJ)

**1.11 Höhe des Grund- oder Stammkapitals**

Betrag
149 Höhe des Grund- oder Stammkapitals | in EUR oder in anderer Währung
150 Darauf sind eingezahlt | in EUR oder in anderer Währung

2019FsEKapGAus066NET        2019FsEKapGAus066NET

Steuerlicher Erfassungsbogen

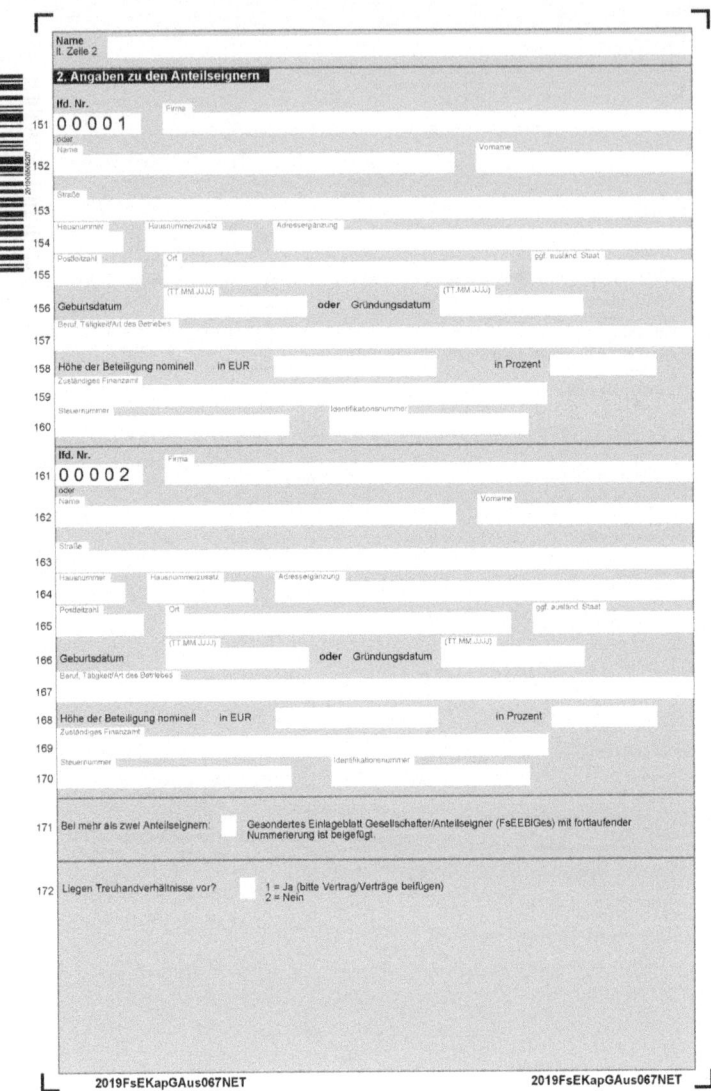

Steuerlicher Erfassungsbogen

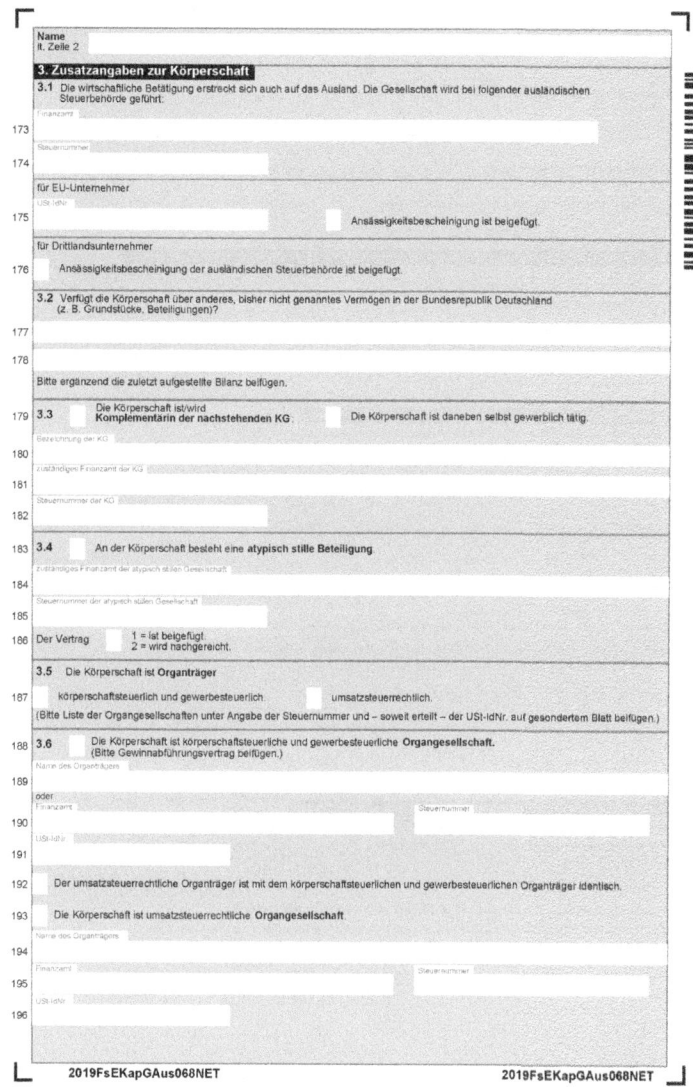

Steuerlicher Erfassungsbogen

# Anhang

| | |
|---|---|
| | Name lt. Zeile 2 |
| 197 | 3.7 Die Gesellschaft gehört zu einem **Konzern**. Angaben zum herrschenden Unternehmen |
| 198 | Name des Konzerns |
| 199 | Finanzamt / Steuernummer |
| 200 | bei folgendem ausländischen Register / unter Ordnungsbegriff (z. B. Nummer) |
| 201 | für deutsche Niederlassung bei folgendem inländischen Register / unter Ordnungsbegriff (z. B. Nummer) |

## 4. Angaben zur Festsetzung von Vorauszahlungen (Körperschaftsteuer, Gewerbesteuer)

Angaben zur Festsetzung der Vorauszahlungen (geschätzt) — für das Gründungsjahr / für das Folgejahr

| | |
|---|---|
| 202 | Jahresüberschuss/Steuerbilanzgewinn |
| 203 | Zu versteuerndes Einkommen |
| 204 | Steueranrechnungsbeträge |
| 205 | Gewerbeertrag |

## 5. Angaben zur Anmeldung und Abführung der Lohnsteuer

Zahl der in der Bundesrepublik Deutschland beschäftigten Arbeitnehmer (ggf. Durchschnitt) [1]

| | |
|---|---|
| 206 | Insgesamt — davon a) Gesellschafter oder deren Ehegatten — b) geringfügig Beschäftigte |

[1] Dazu gehören auch Geschäftsführer, Vorstandsmitglieder, geringfügig beschäftigte Personen und ehrenamtlich tätige Personen. Geschäftsführer einer Komplementär-Kapitalgesellschaft, die gleichzeitig Kommanditisten der Kapitalgesellschaft & Co. KG sind, sind nicht Arbeitnehmer im lohnsteuerlichen Sinne.

| | |
|---|---|
| 207 | Beginn der Lohnzahlungen (TT.MM.JJJJ) |
| 208 | Voraussichtliche Lohnsteuer im Kalenderjahr |

**Hinweis:** Die Höhe der Lohnsteuer bestimmt den Anmeldungszeitraum gem. § 41a EStG.

Die für die Lohnrechnung maßgebenden Lohnbestandteile werden zusammengefasst im Betrieb/Betriebsteil:

| | |
|---|---|
| 209 | Bezeichnung / Straße |
| 210 | Straße |
| 211 | Hausnummer / Hausnummerzusatz / Adressergänzung |
| 212 | Postleitzahl / Ort |

## 6. Angaben zur Anmeldung und Abführung der Umsatzsteuer

(Bitte erläutern Sie die Umsätze durch Verwendung des Einlageblattes "FsEKapGAusEBl – Art der Umsätze".)

**6.1 Summe der Umsätze** (geschätzt) — im Jahr der Betriebseröffnung / im Folgejahr

| | |
|---|---|
| 213 | |

**6.2 Geschäftsveräußerung im Ganzen (§ 1 Abs. 1a Umsatzsteuergesetz (UStG))**

| | |
|---|---|
| 214 | Es wurde ein Unternehmen oder ein in der Gliederung eines Unternehmens gesondert geführter Betrieb erworben: Nein |
| 215 | Ja — Art des Unternehmens/Bezeichnung der Personen-/Kapitalgesellschaft |
| 216 | |
| 217 | Finanzamt |
| 218 | Steuernummer |

2019FsEKapGAus069NET        2019FsEKapGAus069NET

Steuerlicher Erfassungsbogen

# Anhang

**Name**
lt. Zeile 2

### 6.3 Kleinunternehmer-Regelung

*Hinweis:* Die Inanspruchnahme der Kleinunternehmer-Regelung ist nur möglich, wenn das Unternehmen im Inland oder in den in § 1 Abs. 3 UStG bezeichneten Gebieten ansässig ist.

219 Der auf das Kalenderjahr hochgerechnete Gesamtumsatz wird die Grenze des § 19 Abs. 1 UStG voraussichtlich nicht überschreiten. Es wird die Kleinunternehmer-Regelung (§ 19 Abs. 1 UStG) in Anspruch genommen.
In Rechnungen wird keine Umsatzsteuer gesondert ausgewiesen und es kann kein Vorsteuerabzug geltend gemacht werden.
*Hinweis:* Angaben zu Tz. 6.7 sind nicht erforderlich; Umsatzsteuer-Voranmeldungen sind grundsätzlich nicht zu übermitteln.

220 Der auf das Kalenderjahr hochgerechnete Gesamtumsatz wird die Grenze des § 19 Abs. 1 UStG voraussichtlich nicht überschreiten. Es wird auf die Anwendung der Kleinunternehmer-Regelung verzichtet.
Die Besteuerung erfolgt nach den allgemeinen Vorschriften des Umsatzsteuergesetzes **für mindestens fünf Kalenderjahre** (§ 19 Abs. 2 UStG); Umsatzsteuer-Voranmeldungen sind monatlich in elektronischer Form authentifiziert zu übermitteln.

### 6.4 Steuerbefreiung
Es werden ganz oder teilweise steuerfreie Umsätze gem. § 4 UStG ausgeführt:

221 Nein ☐ Ja ☐ Art des Umsatzes/der Tätigkeit _____ (§ 4 Nr. ____ UStG)

### 6.5 Steuersatz
Es werden Umsätze ausgeführt, die ganz oder teilweise dem ermäßigten Steuersatz gem. § 12 Abs. 2 UStG unterliegen:

222 Nein ☐ Ja ☐ Art des Umsatzes/der Tätigkeit _____ (§ 12 Abs. 2 Nr. ____ UStG)

### 6.6 Durchschnittssatzbesteuerung
Es werden ganz oder teilweise Umsätze ausgeführt, die der Durchschnittssatzbesteuerung gem. § 24 UStG unterliegen:

223 Nein ☐ Ja ☐ Art des Umsatzes/der Tätigkeit _____ (§ 24 Abs. 1 Nr. ____ UStG)

### 6.7 Soll-/Istversteuerung der Entgelte

Die Umsatzsteuer wird berechnet nach

224 ☐ vereinbarten Entgelten (**Sollversteuerung**).
oder
225 ☐ vereinnahmten Entgelten. Es wird hiermit die **Istversteuerung** beantragt, weil
226 ☐ der auf das Kalenderjahr hochgerechnete Gesamtumsatz für das Gründungsjahr voraussichtlich nicht mehr als 500.000 EUR betragen wird.
227 ☐ die Gesellschaft von der Verpflichtung, Bücher zu führen und auf Grund jährlicher Bestandsaufnahmen regelmäßig Abschlüsse zu machen, nach § 148 Abgabenordnung (AO) befreit ist.

### 6.8 Umsatzsteuer-Identifikationsnummer

228 ☐ Es wird für die Teilnahme am innergemeinschaftlichen Waren- und Dienstleistungsverkehr eine USt-IdNr. benötigt.
*Hinweis:* Bei Vorliegen einer Organschaft ist die USt-IdNr. der Organgesellschaft vom Organträger zu beantragen.
**Zusatzangaben** für juristische Personen.
– die nicht Unternehmer sind,
– die Gegenstände nicht für ihr Unternehmen erwerben:

Es wird eine USt-IdNr. beantragt, weil
229 ☐ innergemeinschaftliche Erwerbe zu versteuern sind, da die Erwerbsschwelle von 12.500 EUR jährlich
230 ☐ voraussichtlich überschritten wird (§ 1a Abs. 3 UStG).
231 ☐ voraussichtlich nicht überschritten wird, auf die Erwerbsschwellenregelung jedoch für die Dauer von mindestens zwei Kalenderjahren verzichtet wird (§ 1a Abs. 4 UStG).
232 ☐ neue Fahrzeuge oder bestimmte verbrauchsteuerpflichtige Waren innergemeinschaftlich erworben werden (§ 1a Abs. 5 UStG).

233 Es wurde bereits für eine frühere Tätigkeit folgende USt-IdNr. vergeben:
234 USt-IdNr. _____ Vergabedatum: _____ (TT MM JJJJ)

### 6.9 Vergütung von Vorsteuer
Wurden für das Unternehmen in der Vergangenheit bereits Anträge auf Vergütung von Vorsteuerbeträgen gestellt?

235 Nein ☐ Ja ☐ Bitte Zeitraum und Aktenzeichen angeben.
Zeitraum _____ Aktenzeichen
236 (TT MM JJJJ) – (TT MM JJJJ) _____

### 6.10 EORI-Nummer
(Economic Operators Registration and Identification number – Nummer zur Registrierung und Identifizierung von Wirtschaftsbeteiligten)

237 EORI-Nummer, soweit erteilt: _____

2019FsEKapGAus0610NET     2019FsEKapGAus0610NET

Steuerlicher Erfassungsbogen

**Name**
lt. Zeile 2

### 6.11 Steuerschuldnerschaft des Leistungsempfängers bei Bau- und/oder Gebäudereinigungsleistungen

238 ☐ Es wird die Erteilung eines Nachweises zur Steuerschuldnerschaft des Leistungsempfängers bei Bau- und/oder Gebäudereinigungsleistungen (Vordruck USt 1 TG) beantragt.

239 ☐ Der Umfang der ausgeführten **Bauleistungen** i. S. des § 13b Abs. 2 Nr. 4 UStG beträgt voraussichtlich mehr als 10 % des Weltumsatzes (Summe der im Inland steuerbaren und nicht steuerbaren Umsätze).

240 ☐ Der Umfang der ausgeführten **Gebäudereinigungsleistungen** i. S. des § 13b Abs. 2 Nr. 8 UStG beträgt voraussichtlich mehr als 10 % des Weltumsatzes (Summe der im Inland steuerbaren und nicht steuerbaren Umsätze).

*Hinweis: Die Voraussetzungen zur Erteilung der Bescheinigung sind in geeigneter Weise in einer Anlage glaubhaft zu machen.*

### 6.12 Besonderes Besteuerungsverfahren „Mini-one-stop-shop"

#### 6.12.1 Für im Inland ansässige Unternehmer:
Nur bei Ausführung von Telekommunikationsdienstleistungen, Rundfunk- und Fernsehdienstleistungen oder auf elektronischem Weg erbrachten sonstigen Leistungen an Nichtunternehmer, die in einem anderen EU-Mitgliedstaat ansässig sind:

241 ☐ Die Gesellschaft wird das besondere Besteuerungsverfahren („Mini-one-stop-shop") in Anspruch nehmen (§ 18h UStG). Die entsprechenden Umsätze wird die Gesellschaft beim Bundeszentralamt für Steuern (BZSt) erklären.

*Hinweis: Die Teilnahme am besonderen Besteuerungsverfahren muss gesondert beim BZSt angezeigt werden. Die vorstehenden Angaben ersetzen deshalb nicht diese Anzeigeverpflichtung.*

242 ☐ Die Gesellschaft hat keine Niederlassung in einem anderen EU-Mitgliedstaat und der Gesamtbetrag – ohne Umsatzsteuer – der oben bezeichneten Umsätze an in anderen EU-Mitgliedstaaten ansässige Nichtunternehmer überschreitet im laufenden Kalenderjahr nicht 10.000 € und hat dies auch im vorangegangenen Kalenderjahr nicht getan.

243 ☐ Die entsprechenden Umsätze wird die Gesellschaft im Inland (§ 3a Abs. 5 Satz 3 UStG) versteuern.

244 ☐ Auf die Möglichkeit der Versteuerung der entsprechenden Umsätze im Inland verzichtet die Gesellschaft für mindestens zwei Kalenderjahre (§ 3a Abs. 5 Sätze 4 und 5 UStG).

245 ☐ Die Gesellschaft wird das besondere Besteuerungsverfahren („Mini-one-stop-shop") in Anspruch nehmen (§ 18h UStG). Die entsprechenden Umsätze wird die Gesellschaft beim BZSt erklären.

246 ☐ Die entsprechenden Umsätze wird die Gesellschaft direkt in den anderen EU-Mitgliedstaaten erklären.

#### 6.12.2 Für in einem anderen EU-Mitgliedstaat ansässige Unternehmer:
Nur bei Ausführung von Telekommunikationsdienstleistungen, Rundfunk- und Fernsehdienstleistungen oder auf elektronischem Weg erbrachten sonstigen Leistungen an einen in Deutschland ansässigen Nichtunternehmer.

247 ☐ Die Gesellschaft wird das besondere Besteuerungsverfahren („Mini-one-stop-shop") in Anspruch nehmen (§ 18 Abs. 4e UStG). Die entsprechenden Umsätze wird die Gesellschaft über die zuständige Behörde im Ansässigkeitsstaat erklären.

248 ☐ Die Gesellschaft ist in nur einem EU-Mitgliedstaat ansässig und der Gesamtbetrag – ohne Umsatzsteuer – der oben bezeichneten Umsätze an in anderen EU-Mitgliedstaaten außerhalb des Ansässigkeitsstaats ansässige Nichtunternehmer überschreitet im laufenden Kalenderjahr nicht 10.000 € und hat dies auch im vorangegangenen Kalenderjahr nicht getan.

249 ☐ Die entsprechenden Umsätze wird die Gesellschaft im Ansässigkeitsstaat versteuern.

250 ☐ Auf die Möglichkeit der Versteuerung der entsprechenden Umsätze im Ansässigkeitsstaat verzichtet die Gesellschaft für mindestens zwei Kalenderjahre.

251 ☐ Die Gesellschaft wird das besondere Besteuerungsverfahren („Mini-one-stop-shop") in Anspruch nehmen (§ 18 Abs. 4e UStG). Die entsprechenden Umsätze wird die Gesellschaft über die zuständige Behörde im Ansässigkeitsstaat erklären.

252 ☐ Die entsprechenden Umsätze wird die Gesellschaft direkt in Deutschland erklären.

### 6.13 Umsätze im Bereich des Handels mit Waren über das Internet
Angaben zum Vertriebsweg:

253 ☐ Die Gesellschaft verkauft über einen eigenen Webshop.

254 Web-Adresse (URL): _____

255 ☐ Die Gesellschaft wird über mindestens einen elektronischen Marktplatz i. S. d. § 25e Abs. 5 UStG handeln. Zu diesem Zweck wird eine Bescheinigung über die Eintragung als Steuerpflichtiger (Unternehmer) i. S. von § 22f Abs. 1 Satz 2 UStG zur Vorlage beim jeweiligen Betreiber des elektronischen Marktplatzes beantragt.

| lfd. Nr. | Name des elektronischen Marktplatzes | Identifikationsmerkmal (z. B. Accountname) |
|---|---|---|
| 256 | 1 | |
| 257 | 2 | |
| 258 | 3 | |
| 259 | 4 | |
| 260 | 5 | |

Bei Aktivitäten auf mehr als fünf elektronischen Marktplätzen:

261 ☐ Gesonderte Aufstellung ist beigefügt.

2019FsEKapGAus0611NET

**Steuerlicher Erfassungsbogen**

# Anhang

**Name lt. Zeile 2**

## 7. Freistellungsbescheinigung gemäß § 48b Einkommensteuergesetz (EStG) („Bauabzugsteuer")

Das Merkblatt zum Steuerabzug bei Bauleistungen steht Ihnen im Internet unter www.bzst.de zum Download zur Verfügung. Sie können es aber auch bei Ihrem Finanzamt erhalten.

262 Wir beantragen die Erteilung einer Bescheinigung zur Freistellung vom Steuerabzug bei Bauleistungen gemäß § 48b EStG.

263 Anlagen:
- Einlageblatt „Übersicht zu Bauausführungen/Montagen in Deutschland" (Tz. 1.1)
- Auszug aus ausländischem Register (Tz. 1.7)

264
- Vertrag/Verträge über Regie-/Lohnarbeiten, Tätigkeiten von Subunternehmen (Tz. 1.1)
- Gesellschaftsvertrag (Tz. 1.7)

265
- Genehmigungsbescheid der Agentur für Arbeit (Tz. 1.1)
- Einlageblatt Gesellschafter (FsEEBlGes) (Tz. 2)

266
- Einlageblatt Betriebsstätten (FsEEBlBs) (Tz. 1.2)
- Vertrag über Treuhandverhältnisse (Tz. 2)

267
- Vertrag/Verträge über den Kauf, Miete, Pacht oder Leasing von Geschäftseinrichtungen oder Anlagen (Tz. 1.2)
- zuletzt aufgestellte Bilanz (Tz. 3.2)

268
- Verträge zwischen Gesellschaft und Gesellschafter (z. B. Gesellschafteranstellungs-, Miet-, Pacht- und/oder Darlehensverträge)
- Vertrag über atypisch stille Beteiligung (Tz. 3.4)

269
- Arbeitsvertrag/-verträge des ständigen Vertreters (Tz. 1.2)
- Liste der Organgesellschaften (Tz. 3.5)

270
- Vertrag/Verträge mit vom Unternehmen unabhängigen Personen (Tz. 1.2)
- Gewinnabführungsvertrag (Tz. 3.6)

271
- Vollmacht (Tz. 1.4)
- Einlageblatt mit Angaben zur Art der Umsätze (FsEKapGAusEBI) (Tz. 6.1)

272
- Empfangsvollmacht (Tz. 1.5)
- Übersicht weitere Marktplätze (Tz. 6.13)

273
- Teilnahmeerklärung für das SEPA-Lastschriftverfahren (Tz. 1.6)

274

**Hinweis:** Die mit diesem Fragebogen angeforderten Daten werden aufgrund der §§ 27, 85, 88, 90, 93 und 97 AO erhoben.

**Datenschutzhinweis:**
Informationen über die Verarbeitung personenbezogener Daten in der Steuerverwaltung und über Ihre Rechte nach der Datenschutz-Grundverordnung sowie über Ihre Ansprechpartner in Datenschutzfragen entnehmen Sie bitte dem allgemeinen Informationsschreiben der Finanzverwaltung. Dieses Informationsschreiben finden Sie unter www.finanzamt.de (unter der Rubrik „Datenschutz") oder erhalten Sie bei Ihrem Finanzamt.

275 Ort, Datum

Unterschrift(en) vertretungsberechtigte(r) Geschäftsführer(in) oder Gesellschafter(in)/Beteiligte(r) bzw. aller Gesellschafter(innen)/Beteiligte(n) bzw. des/der Vertreter(s)/Vertreterin(nen) oder Bevollmächtigten

2019FsEKapGAus0612NET  2019FsEKapGAus0612NET

Steuerlicher Erfassungsbogen

**Anlage 2: Anlage AV13**
Muss mit jeder ESt-Erklärung abgegeben werden, darin wird das Anlagevermögen des Forstwirtes erfasst, insbesondere Grund und Boden und aufstehendes Holz, evtl. auch Maschinen

# Anhang

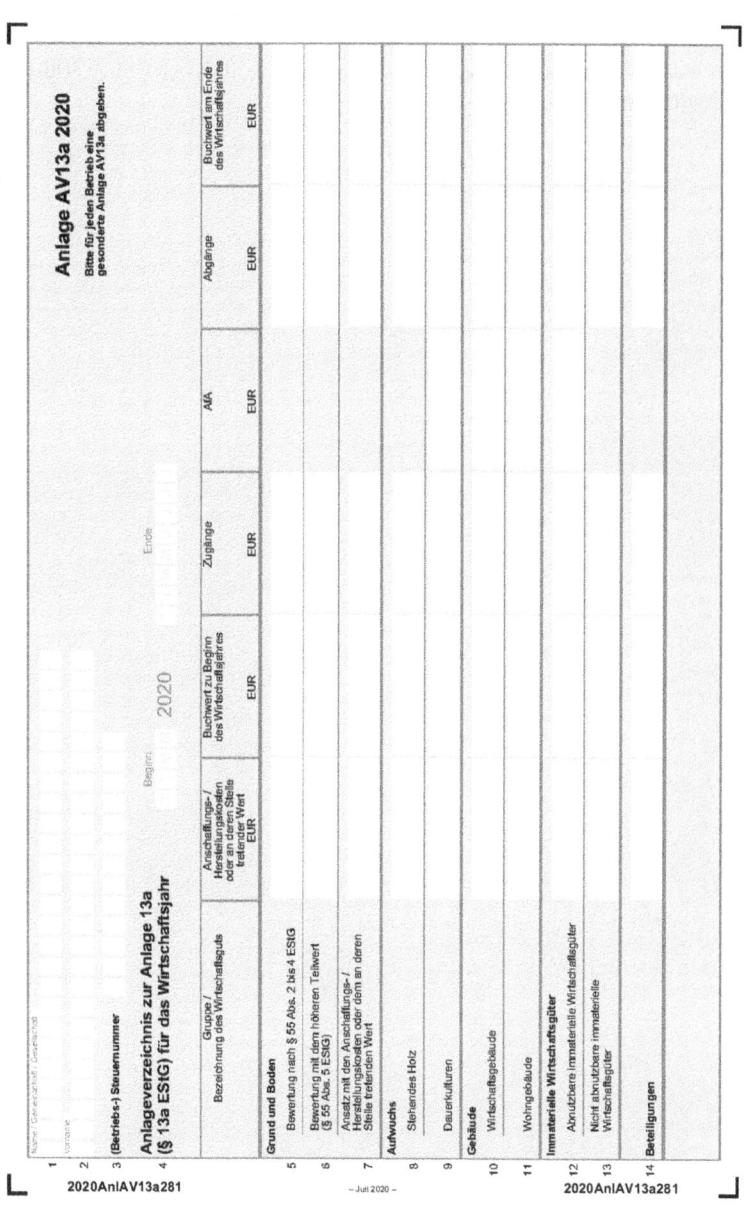

Anlage AV 13a 2020

**Anlage 3: Anlage L**
Muss jeder ESt-Erklärung beigefügt werden, hier wird der Gewinn/Verlust aus der Forstwirtschaft eingetragen.

Anhang

# Anlage L 2020

**2020**

**Anlage L**
zur Einkommensteuererklärung
zur Feststellungserklärung

Bitte Anlage Corona-Hilfen übermitteln.

1 Name / Gemeinschaft / Gesellschaft
2 Vorname
3 Steuernummer — lfd. Nr. der Anlage

## Einkünfte aus Land- und Forstwirtschaft

Für jeden Betrieb ist zusätzlich eine Bilanz, eine Anlage 13a oder eine Anlage EÜR elektronisch zu übermitteln.

### Art der Gewinnermittlung — 50

4
1 = § 4 Abs. 1 EStG
2 = freiwillige befristete Buchführung nach § 13a Abs. 2 EStG
3 = § 4 Abs. 3 EStG
4 = freiwillige befristete Einnahmenüberschussrechnung nach § 13a Abs. 2 EStG
6 = § 13a Abs. 3 bis 7 EStG
70 Bitte 1, 2, 3, 4 oder 6 eintragen.

### Gewinn (ohne die Beträge in den Zeilen 31, 36 und 42; bei ausländischen Einkünften: Anlage AUS beachten)

5 als Einzelunternehmer / der Gemeinschaft / der Gesellschaft im Wirtschaftsjahr vom — bis

| | 2019 / 2020 (2020) EUR | 2020 / 2021 EUR | stpfl. Person / Ehemann / Person A / Gemeinschaft / Gesellschaft EUR | Ehefrau / Person B EUR |
|---|---|---|---|---|
| 6 nach § 4 Abs. 1 oder Abs. 3 EStG auf das Kalenderjahr 2020 entfallen | | | 10 — 11 | |
| 7 auf das Kalenderjahr 2020 entfallen | | | 12 — 13 | |
| 8 nach § 13a EStG auf das Kalenderjahr 2020 entfallen | | | 73 — 74 | |
| 9 auf das Kalenderjahr 2020 entfallen | | | 75 — 76 | |

10 lt. gesonderter Feststellung (§ 4 Abs. 1 oder Abs. 3 EStG) (Betriebsfinanzamt und Steuernummer) — 32 — 33

11 lt. gesonderter Feststellung (§ 13a EStG) (Betriebsfinanzamt und Steuernummer) — 34 — 35

12 als Mitunternehmer (§ 4 Abs. 1 oder Abs. 3 EStG) (Gesellschaft, Finanzamt und Steuernummer) — 38 — 39

13 als Mitunternehmer (§ 13a EStG) (Gesellschaft, Finanzamt und Steuernummer) — 36 — 37

14 als Mitunternehmer einer Gesellschaft / Gemeinschaft / eines ähnlichen Modells i. S. d. § 15b EStG

15 In den Gewinnen des Kj. 2020 (Zeile 6 bis 13) nicht enthaltener steuerfreier Teil der Einkünfte, für die das **Teileinkünfteverfahren** gilt — 14 — 16

16 In den Zeilen 6 bis 13 enthaltene positive Einkünfte i. S. d. § 2 Abs. 4 UmwStG

17 Ich beantrage für den in den Zeilen 6, 7, 10 und 36 enthaltenen Gewinn die Begünstigung nach § 34a EStG und / oder es wurde zum 31.12.2019 ein nachversteuerungspflichtiger Betrag festgestellt. Einzureichende **Anlage(n) 34a** — Anzahl

### Sonstiges — 51

18 In den Zeilen 6 bis 14 enthaltene begünstigte sonstige Gewinne i. S. d. § 34 Abs. 2 Nr. 2 bis 4 EStG — 26 — 27

### Antrag nach § 13a Abs. 2 EStG für die Wirtschaftsjahre 2020 / 2021 bis 2023 / 2024

Stellen Sie den Antrag und ermitteln Sie den Gewinn durch Betriebsvermögensvergleich, sind Sie auch für die Wirtschaftsjahre 2021 / 2022 bis 2023 / 2024 verpflichtet, den Gewinn in gleicher Weise zu ermitteln. Entsprechendes gilt bei einem Antrag auf Besteuerung des Gewinns, der durch Vergleich der Betriebseinnahmen mit den Betriebsausgaben ermittelt wird, es sei denn, dass Sie vorher buchführungspflichtig werden.

19 Ich / Wir beantrage(n), den durch ☐ Betriebsvermögensvergleich ☐ Aufzeichnung und Vergleich der Betriebseinnahmen mit den Betriebsausgaben ermittelten Gewinn der Besteuerung zugrunde zu legen.

2020AnlL071 — Juli 2020 — 2020AnlL071

Steuernummer, lfd. Nr. d. Anlage

– 2 –

**Veräußerungsgewinn** vor Abzug des Freibetrags bei Veräußerung / Aufgabe eines ganzen Betriebs, eines Teilbetriebs oder eines ganzen Mitunternehmeranteils (§§ 14, 16 EStG)

31 Veräußerungsgewinn, für den der **Freibetrag nach den §§ 14, 16 Abs. 4 EStG** wegen dauernder Berufsunfähigkeit oder Vollendung des 55. Lebensjahres **beantragt** wird. Für nach dem 31.12.1995 erfolgte Veräußerungen / Aufgaben wurde der Freibetrag nach § 16 Abs. 4 EStG bei keiner Einkunftsart in Anspruch genommen.

32 In Zeile 31 enthaltener steuerpflichtiger Teil, für den das **Teileinkünfteverfahren** gilt

Auf den Veräußerungsgewinn lt. Zeile 31 wurde zumindest teilweise § 6b oder § 6b i. V. m. § 6c EStG angewendet. Die Übertragungen von aufgedeckten stillen Reserven und / oder die in Anspruch genommenen Rücklagen nach

33 – § 6b Abs. 1 bis 9 ggf. i. V. m. § 6c EStG betragen

34 – § 6b Abs. 10 ggf. i. V. m. § 6c EStG betragen

35 Veräußerungsgewinn lt. Zeile 31, für den der **ermäßigte Steuersatz** des § 34 Abs. 3 EStG wegen dauernder Berufsunfähigkeit oder Vollendung des 55. Lebensjahres beantragt wird. Für nach dem 31.12.2000 erfolgte Veräußerungen / Aufgaben wurde der ermäßigte Steuersatz des § 34 Abs. 3 EStG bei keiner Einkunftsart in Anspruch genommen.

36 Veräußerungsgewinn(e), für den / die der **Freibetrag nach den §§ 14, 16 Abs. 4 EStG** nicht beantragt wird oder nicht zu gewähren ist

37 In Zeile 36 enthaltener steuerpflichtiger Teil, für den das **Teileinkünfteverfahren** gilt

Auf den / die Veräußerungsgewinn(e) lt. Zeile 36 wurde zumindest teilweise

38 – § 6b Abs. 1 bis 9 ggf. i. V. m. § 6c EStG angewendet

39 – § 6b Abs. 10 ggf. i. V. m. § 6c EStG angewendet

40 In Zeile 36 enthaltener Veräußerungsgewinn, für den der **ermäßigte Steuersatz** des § 34 Abs. 3 EStG wegen dauernder Berufsunfähigkeit oder Vollendung des 55. Lebensjahres beantragt wird. Für nach dem 31.12.2000 erfolgte Veräußerungen / Aufgaben wurde der ermäßigte Steuersatz des § 34 Abs. 3 EStG bei keiner Einkunftsart in Anspruch genommen.

41 In Zeile 40 enthaltener steuerpflichtiger Teil, für den das **Teileinkünfteverfahren** gilt

42 Veräußerungsverlust nach den §§ 14, 16 EStG

43 In Zeile 42 enthaltener steuerpflichtiger Teil, für den das **Teileinkünfteverfahren** gilt

44 Zu den Zeilen 31 bis 41: Erwerber ist eine Gesellschaft, an der die veräußernde Person oder ein Angehöriger beteiligt ist (lt. gesonderter Aufstellung).

Die Angaben in den Zeilen 45 bis 89 sind für jeden land- und forstwirtschaftlichen Betrieb in einer eigenen Anlage L zu machen. Die Angaben in den Zeilen 45 bis 66 sind nicht erforderlich, wenn sie sich aus der Gewinnermittlung ergeben.

**Flächen zu Beginn des Wirtschaftsjahres**

| | Eigentümer / Nutzender | | | | | | | | |
|---|---|---|---|---|---|---|---|---|---|
| | Verausgabte / Vereinnahmte Pachtzinsen EUR | Landwirtschaftliche Nutzung | | | Forstwirtschaftliche Nutzung | | | Übrige Nutzungen | | |
| | | ha | a | m² | ha | a | m² | ha | a | m² |

45 

46 Eigentumsflächen des Betriebsvermögens (ohne Flächen lt. Zeile 47)

47 Hof- und Gebäudeflächen (ohne Grund und Boden für Wohngebäude)

48 In den Zeilen 46 und 47 nicht berücksichtigte **zugepachtete** oder unentgeltlich von Dritten überlassene Flächen

49 Summe Zeile 46 bis 48

50 In den Zeilen 46 bis 48 berücksichtigte **verpachtete** oder unentgeltlich an Dritte überlassene Flächen

51 Selbst bewirtschaftete Flächen insgesamt (Zeile 49 abzüglich Zeile 50)

52 Von der landwirtschaftlichen Nutzung (Zeile 51) entfallen auf

| | Obstbau mit landw. Unternutzung | | | Almen und Hutungen | | |
|---|---|---|---|---|---|---|
| | ha | a | m² | ha | a | m² |

**Flächenveränderungen nach Beginn des Wirtschaftsjahres**

| | Landwirtschaftliche Nutzung | | | Forstwirtschaftliche Nutzung | | | Übrige Nutzungen | | |
|---|---|---|---|---|---|---|---|---|---|
| | ha | a | m² | ha | a | m² | ha | a | m² |

53 Zugänge (Kauf, Zupachtung, unentgeltliche Überlassung)

54 Abgänge (Verkauf, Verpachtung, unentgeltliche Überlassung)

**Betriebsverpachtung**

55 Der Betrieb ist seit dem _____ verpachtet.

Anlage L 2020

# Anhang

Steuernummer, lfd. Nr. d. Anlage — 3 —

## Veräußerung / Entnahme von Grundstücken und immateriellen Wirtschaftsgütern

61 Bei Veräußerung von Grundstücken: Gewinnübertragung nach §§ 6b, 6c EStG wird beantragt.

| | Katastermäßige Bezeichnung | Größe / Menge ha a m² | Tag der Veräußerung / Entnahme | Erlös / Entnahmewert EUR | Entstandene Kosten EUR | Anschaffungskosten (ggf. Wert nach § 55 EStG) EUR |
|---|---|---|---|---|---|---|
| 62 | Veräußerung (Umfang d. mitveräußerten Eigenjagdrechts / Aufwuchses auf und Anlagen in und auf dem Grund und Boden gesondert erläutern) | | | | | |
| 63 | | | | | | |
| 64 | Entnahme (z. B. durch Schenkung, Nutzungsänderung, Bau einer eigengenutzten oder unentgeltlich überlassenen Wohnung) | | | | | |
| 65 | | | | | | |
| 66 | Veräußerung / Entnahme von immateriellen Wirtschaftsgütern (Lieferrechte, Zahlungsansprüche) | | | | | |

## Tierhaltung einschließlich Pensionstierhaltung und Lohnaufzucht (Bitte stets ausfüllen.)

Jahresdurchschnittsbestand im Wj. 2020 / 2021 (2020)

| | | | Anzahl | VE gesamt | | | Anzahl | VE gesamt |
|---|---|---|---|---|---|---|---|---|
| 67 | Rindvieh Kälber und Jungvieh unter 1 Jahr einschl. Mastkälber | (0,3 VE) | | | Schafe unter 1 Jahr einschl. Mastlämmer | (0,05 VE) | | |
| 68 | Jungvieh 1–2 Jahre | (0,7 VE) | | | 1 Jahr alt und älter | (0,1 VE) | | |
| 69 | Zuchtbullen und Zugochsen | (1,2 VE) | | | Schweine Zuchtschweine | (0,33 VE) | | |
| 70 | Masttiere (Mastrinder) – Mastdauer weniger als 1 Jahr – | (1 VE) | | | Kaninchen Zucht- und Angorakaninchen | (0,025 VE) | | |
| 71 | Färsen älter als 2 Jahre | (1 VE) | | | Geflügel Legehennen | (0,02 VE) | | |
| 72 | Kühe | (1 VE) | | | Legehennen aus zugekauften Junghennen | (0,0183 VE) | | |
| 73 | Ziegen | (0,08 VE) | | | Zuchtenten, Zuchtputen und Zuchtgänse | (0,04 VE) | | |
| 74 | Pferde unter 3 Jahre und Kleinpferde | (0,7 VE) | | | Sonstige (z. B. Damtiere, Alpakas, Lamas, Strauße) | | | |
| 75 | 3 Jahre alt und älter | (1,1 VE) | | | Tierart | | | |
| 76 | | | Zwischensumme 1 | | | | Zwischensumme 2 | |

Jahreserzeugung (verkauft oder verbraucht) im Wj. 2020 / 2021 (2020)

| | | | Anzahl | VE gesamt | *) Die eingetragenen Tiere wurden zugekauft als | | Anzahl | VE gesamt |
|---|---|---|---|---|---|---|---|---|
| 77 | Rindvieh Masttiere – Mastdauer über 1 Jahr – | (1 VE) | | | *) | | | |
| 78 | Schweine Leichte Ferkel bis etwa 12 kg | (0,01 VE) | | | *) | | | |
| 79 | Ferkel bis etwa 20 kg *) | (0,02 VE) | | | Kaninchen Mastkaninchen | (0,0025 VE) | | |
| 80 | Schwere Ferkel und leichte Läufer bis etwa 30 kg *) | (0,04 VE) | | | Geflügel Jungmasthühner (mehr als 6 Durchgänge je Jahr) | (0,0013 VE) | | |
| 81 | Läufer bis etwa 45 kg *) | (0,06 VE) | | | Jungmasthühner (bis zu 6 Durchgänge je Jahr), Jungputen und -hennen | (0,0017 VE) | | |
| 82 | Schwere Läufer bis etwa 60 kg *) | (0,08 VE) | | | Mastenten ( VE) | | | |
| 83 | Mastschweine *) | (0,16 VE) | | | Mastputen aus zugekauften Jungputen | (0,005 VE) | | |
| 84 | Jungzuchtschweine bis etwa 90 kg *) | (0,12 VE) | | | Mastgänse, Mastputen aus selbst erzeugten Jungputen | (0,0067 VE) | | |
| 85 | | | Zwischensumme 3 | | | | Zwischensumme 4 | |
| 86 | Gesamtsumme VE (Ergebnis der Zwischensummen 1 bis 4) | | | | | | | |

Nur bei Pensionstierhaltung (z. B. Pferde, Rinder):

| | Tierart | Anzahl | Tierart | Anzahl |
|---|---|---|---|---|
| 87 | | | | |

Folgende in Zeile 86 enthaltene Vieheinheiten wurden im Wj. 2020 / 2021 (2020) auf Tierhaltungsgemeinschaften nach § 51a BewG übertragen:

| | Tierhaltungsgemeinschaft, Steuernummer der Gesellschaft, Einheitswert-Aktenzeichen | | VE |
|---|---|---|---|
| 88 | 1. | | |
| 89 | 2. | | |

2020AnlL073    2020AnlL073

Anlage L 2020

## Anlage 4: Bescheid Landwirtschaftliche Berufsgenossenschaft

Beispielhafter Bescheid. Bei der BG besteht Zwangsmitgliedschaft. Das ist aber gut, weil auf diese Weise Unfälle im Wald versichert sind.

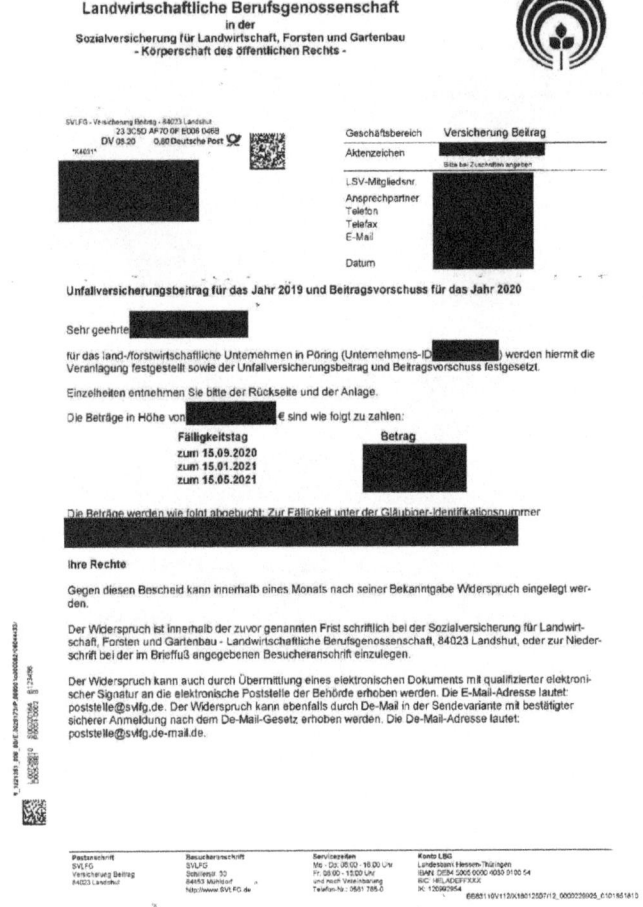

Bescheid Landwirtschaftliche Berufsgenossenschaft

# Anhang

Dokument vom 07.08.2020                                Seite 2

Mit freundlichen Grüßen

Sozialversicherung für Landwirtschaft,
Forsten und Gartenbau

Anlagen
Anlage zum Beitragsbescheid

Beitragsabrechnung und Vorschussberechnung für das land-/forstwirtschaftliche Unternehmen in Pöring (Unternehmens-ID: ):

**Unfallversicherungsbeitrag**

| Beitragsforderung für das Jahr 2019 | € |

**Beitragsvorschuss**

| Beitragsvorschuss für das Jahr 2020 | € |

---

| Postanschrift | Besucheranschrift | Servicezeiten | Konto LBG |
|---|---|---|---|
| SVLFG | SVLFG | Mo - Do. 08.00 - 16.00 Uhr | Landesbank Hessen-Thüringen |
| Versicherung Beitrag | Schillerstr. 33 | Fr 08:00 - 15.00 Uhr | IBAN: DE84 5005 0000 4000 0100 54 |
| 64023 Landshut | 84453 Mühldorf | und nach Vereinbarung | BIC: HELADEFFXXX |
| | http://www.SVLFG.de | Telefon-Nr. 0561 785-0 | BLZ: 120892354 |

Bescheid Landwirtschaftliche Berufsgenossenschaft

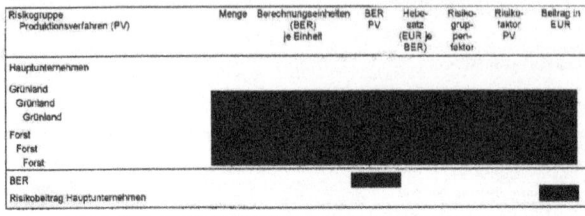

Dokument vom 07.08.2020                                       Seite 3

**Anlage zum Beitrags- und Veranlagungsbescheid vom 07.08.2020**
Veranlagung und Berechnungsgrundlagen für das Unternehmen (ID: _____ ) für das Jahr 2019

| Risikogruppe Produktionsverfahren (PV) | Menge | Berechnungseinheiten (BER) je Einheit | BER PV | Hebesatz (EUR je BER) | Risikogruppenfaktor | Risikofaktor PV | Beitrag in EUR |
|---|---|---|---|---|---|---|---|
| Hauptunternehmen | | | | | | | |
| Grünland | | | | | | | |
| Grünland | | | | | | | |
| Grünland | | | | | | | |
| Forst | | | | | | | |
| Forst | | | | | | | |
| Forst | | | | | | | |
| BER | | | | | | | |
| Risikobeitrag Hauptunternehmen | | | | | | | |

| | BER mindestens 87,5000 höchstens 350,0000 | Hebesatz (EUR je BER) | Deckungsfaktor | EUR |
|---|---|---|---|---|
| Grundbeitrag | | | | |

| | EUR |
|---|---|
| Risikobeitrag Hauptunternehmen | |
| Grundbeitrag | |
| Beitragsforderung für das Jahr 2019 | |

**Meldepflicht**
Der Unternehmer hat uns jede Änderung im Unternehmen oder in Unternehmensteilen, die für die Zugehörigkeit zur Berufsgenossenschaft oder für die Beitragsberechnung von Bedeutung ist, innerhalb von vier Wochen nach Eintritt der Änderung schriftlich mitzuteilen.

**Zahlungspflicht und Beitragsvorschüsse**
Die Beiträge werden jährlich nachträglich im Umlageverfahren erhoben. Mitunternehmer haften für das Gemeinschaftsunternehmen gesamtschuldnerisch. Der Beitrag für das Gemeinschaftsunternehmen kann deshalb von nur einem Mitglied der Gemeinschaft gefordert werden. Allerdings hat dieser dann einen internen Ausgleichsanspruch gegenüber den anderen Mitunternehmern.
Wir erheben einen Vorschuss auf die Beiträge. Bei der endgültigen Feststellung des für das Jahr 2020 geschuldeten Beitrages wird der Vorschuss angerechnet. Bei Änderung der betrieblichen Verhältnisse kann eine Neuberechnung des Vorschusses beantragt werden. Näheres zum Beitragsvorschuss finden Sie unter www.svlfg.de > Versicherungen & Leistungen > Berufsgenossenschaft > Versicherung & Beiträge > Die Beiträge zur Landwirtschaftlichen Berufsgenossenschaft.

**Fälligkeit**
Der Beitrag ist am 15. des auf die Bekanntgabe dieses Bescheides folgenden Monats fällig.
Der Beitragsvorschuss ist, sofern eine Einzugsermächtigung (SEPA-Lastschriftmandat) zur Zahlung des Berufsgenossenschaftsbeitrags erteilt wurde, am 15.01. und 15.05. des Jahres fällig, für das der Vorschuss bestimmt ist. Sofern keine Einzugsermächtigung erteilt wurde, ist der gesamte Beitragsvorschuss am 15.01. fällig.
Wir machen darauf aufmerksam, dass weder eine Meldung von Änderungen in den Betriebsverhältnissen noch die Einlegung eines Rechtsbehelfs von der Pflicht zur Zahlung eines fälligen Betrages befreien (§ 86 a Abs. 2 Nr. 1 SGG). Der angeforderte Beitrag ist daher von Ihnen in jedem Fall bis zum ausgewiesenen Fälligkeitstermin zu zahlen. Eventuell zu viel entrichtete Beträge werden Ihnen erstattet.

**Beitragsberechnung**
Rechtsgrundlage der Beitragsfestsetzung sind neben den Vorschriften des Siebten Buches Sozialgesetzbuch (SGB VII) die in unserer Satzung getroffenen Regelungen. Der Beitrag berechnet sich grundsätzlich durch Multiplikation der Menge der Berechnungseinheiten (BER) mit dem Hebesatz, dem Risikogruppenfaktor sowie dem Risikofaktor Produktionsverfahren (PV). Bei der Berechnung des Grundbeitrages tritt anstelle des Risikogruppenfaktors und des Risikofaktor PV der Deckungsfaktor Grundbeitrag. Den genauen Wortlaut dieser Satzungsbestimmungen sowie weitere Erläuterungen zur Beitragsberechnung finden Sie im Internet unter www.svlfg.de > Versicherungen & Leistungen > Berufsgenossenschaft > Versicherung & Beiträge > Die Beiträge zur Landwirtschaftlichen Berufsgenossenschaft. Auf Wunsch übersenden wir Ihnen einen entsprechenden Satzungsauszug.

**Beitragssenkung durch Bundesmittel**
Zur Senkung der Beiträge für Unternehmen mit Bodenbewirtschaftung werden vom Bundesministerium für Ernährung und Landwirtschaft (BMEL) Bundesmittel bewilligt. Die Bundesmittel werden mit dem geschuldeten Beitrag aufgerechnet und verringern daher den zu zahlenden Berufsgenossenschaftsbeitrag. Näheres zu den vom BMEL erlassenen Zuwendungsbedingungen finden sie unter www.svlfg.de > Versicherungen & Leistungen > Berufsgenossenschaft > Versicherung & Beiträge > Die Beiträge zur Landwirtschaftlichen Berufsgenossenschaft.

**Befreiung von der Versicherung**
Auf Antrag werden Unternehmer von Unternehmen der Land- und Forstwirtschaft bis zu einer Größe von 25 Ar sowie ihre Ehegatten oder Lebenspartner unwiderruflich befreit. Bei Spezialkulturen (z. B. Weinbau, Beerenobst, Spargel, Tabak, Hopfen, Weihnachtsbäume, Blumen- und Zierpflanzenanbau, Baumschulen, Gemüseanbau) ist eine Befreiung nicht möglich. Sind weitere Personen in dem Unternehmen tätig (z. B. die Wiese/Baumwiese wird von einer anderen Person gemäht), ist eine Befreiung von der Beitragspflicht nicht möglich. Die Befreiung wird erst mit Ablauf des Tages wirksam, an dem der Antrag eingeht.

Bescheid Landwirtschaftliche Berufsgenossenschaft

Dokument vom 07.08.2020                    Seite 4

**Höhere Geldleistungen bei Abschluss einer Zusatzversicherung**
Durch Abschluss einer kostengünstigen Zusatzversicherung kann bei Arbeitsunfall oder Berufskrankheit ein Anspruch auf ein höheres Verletztengeld (bei längerer Arbeitsunfähigkeit) und eine höhere Rente (bei Minderung der Erwerbsfähigkeit, Tod) erworben werden. Wünschen Sie hierzu nähere Erläuterungen, setzen Sie sich bitte mit uns in Verbindung.

Bescheid Landwirtschaftliche Berufsgenossenschaft

## Anlage 5: Bescheid Einheitswert
Beispielhafter Einheitswertbescheid, aus dem sich der (relativ geringe) Wirtschaftswert ergibt

**Finanzamt Ebersberg**

Aktenzeichen ▮▮▮▮▮
(Bitte bei Rückfragen angeben)

85560 Ebersberg, den 11.03.2020
Eichthalstr. 1
Zi.Nr.
Telefon:
Telefax:

Finanzamt, Schlosspl. 1-3, 85560 Ebersberg

**Einheitswertbescheid
Zurechnungsfortschreibung
auf den 1.1.2020**

A. Für den Betrieb der Land- und Forstwirtschaft in ▮▮▮▮▮

Zum 1.1.2020 werden festgestellt:

Zurechnung – ▮▮▮▮▮ Anteil 1/1.
Der Einheitswert beträgt wie bisher 51 €,
Art – wie bisher – Betrieb der Land- und Forstwirtschaft.

B. Berechnung des Einheitswertes

I. Aufteilung der Flächen

|  | ohne Hof-u.Geb.Fl. ha  a m² | anteilige Hof-u.Geb.Fl. ha  a m² | insgesamt ha  a m² |
|---|---|---|---|
| Eigentumsfläche |  |  |  |
| Forstwirtschaft |  |  | 2 21 52 |
| Gesamtfläche |  |  | 2 21 52 |

II. Wirtschaftswert

Forstwirtschaft
Kleinwaldgebiet 8204 c
übrige Fläche     2,21 Hektar zu    50 DM        110 DM
                  2,21 Hektar Vergleichswert     110 DM      110 DM

Wirtschaftswert                                              110 DM

abgerundeter Wert                              100 DM
bisheriger abgerundeter Wert                   100 DM
Abweichung                                  +    0 DM

keine Wertfortschreibung

**Datenschutzhinweis:**

Informationen über die Verarbeitung personenbezogener Daten in der Steuerverwaltung und über Ihre Rechte nach der Datenschutz-Grundverordnung sowie über Ihre Ansprechpartner in Datenschutzfragen entnehmen Sie bitte dem allgemeinen Informationsschreiben der Finanzverwaltung. Dieses Informationsschreiben finden Sie unter www.finanzamt.de (unter der Rubrik "Datenschutz") oder erhalten Sie bei Ihrem Finanzamt.

– Fortsetzung siehe Seite 2 –

Öffnungszeiten:
Mo-Fr 7:00-12:00 l. u.
3. Do 13:00-17:00 Uhr

214 RT 26.02.20 LF

Bescheid Einheitswert

# Anhang

Aktenzeichen ▓▓▓▓▓▓▓▓▓▓ 2020    Seite 2

### Rechtsbehelfsbelehrung

**1. Allgemeines**

1.1 Sie können die mit diesem Grundlagenbescheid (Einheitswertbescheid) bekannt gegebenen Entscheidungen mit dem **Einspruch** anfechten. Ein Einspruch ist jedoch ausgeschlossen, soweit dieser Bescheid einen Verwaltungsakt ändert oder ersetzt, gegen den ein zulässiger Einspruch oder (nach einem zulässigen Einspruch) eine zulässige Klage, Revision oder Nichtzulassungsbeschwerde anhängig ist. In diesem Fall wird der neue Verwaltungsakt Gegenstand des Rechtsbehelfsverfahrens. Bei mehreren Beteiligten (Gesellschaft oder Gemeinschaft) ist zur Einlegung des Einspruchs der in § 352 Abgabenordnung benannte Personenkreis befugt.

1.2 Auch wenn Sie einen Einspruch einlegen, kann die zur Erhebung der Grundsteuer berechtigte Gemeinde den angefochtenen Grundlagenbescheid der Festsetzung der Grundsteuer zugrunde legen. Entsprechendes hinsichtlich der Bindungswirkung des Grundlagenbescheides gilt, soweit der Einheitswertbescheid für andere Steuern von Bedeutung ist.

1.3 Der Einspruch ist beim vorgenannten Finanzamt oder bei der angegebenen Außenstelle schriftlich einzureichen, diesem bzw. dieser elektronisch zu übermitteln oder dort zur Niederschrift zu erklären.

1.4 Die **Frist** für die Einlegung des Einspruchs beträgt einen Monat. Sie beginnt mit Ablauf des Tages, an dem Ihnen dieser Bescheid bekannt gegeben worden ist. Bei Zusendung durch einfachen Brief oder Zustellung mittels Einschreiben durch Übergabe gilt die Bekanntgabe mit dem dritten Tag nach Aufgabe zur Post als bewirkt, es sei denn, dass der Bescheid zu einem späteren Zeitpunkt zugegangen ist. Bei Zustellung mit Zustellungsurkunde oder durch Einschreiben mit Rückschein oder gegen Empfangsbekenntnis ist der Tag der Bekanntgabe der Tag der Zustellung.

**2. Dingliche Wirkung der Bescheide bei Eigentumswechsel**

Grundlagenbescheide wirken gegenüber einem Rechtsnachfolger, auf den der Gegenstand nach dem Feststellungszeitpunkt mit steuerlicher Wirkung übergeht, auch dann, wenn der Bescheid ihm nicht bekannt gegeben worden ist, es sei denn, die Rechtsnachfolge ist vor Ergehen des Bescheides eingetreten. Wirkt der vorgenannte Grundlagenbescheid ohne Bekanntgabe gegenüber dem Rechtsnachfolger, kann dieser nur innerhalb der für den Rechtsvorgänger maßgebenden Rechtsbehelfsfrist Einspruch einlegen bzw. Klage erheben.

Gegen einen Einheitswertbescheid, der nur die Zurechnung gegenüber dem neuen Eigentümer feststellt (Zurechnungsfortschreibung), können daher keine Einwendungen wegen der Höhe des Einheitswerts und der festgestellten Art des Gegenstandes erhoben werden.

### Wichtige Hinweise

Entscheidungen in einem Grundlagenbescheid können nur durch Anfechtung des Grundlagenbescheides, nicht auch durch Anfechtung eines davon abhängigen weiteren Bescheids (Folgebescheid) angegriffen werden.

Wird ein Grundlagenbescheid berichtigt, geändert oder aufgehoben (z.B. aufgrund eines eingelegten Einspruchs), so werden die davon abhängigen Bescheide von Amts wegen geändert oder aufgehoben.

214 RT 26.02.20 LF

## Bescheid Einheitswert

**Anlage 6: AfA Tabelle**
Abschreibungsdauer der fortwirtschaftlichen Wirtschaftsgüter. Die AfA-Tabelle legt fest, über welchen Zeitraum ein Wirtschaftsgut abgeschrieben wird. Der lineare AfA-Satz entspricht dem Prozentsatz der Anschaffungskosten, der jedes Jahr abgeschrieben werden kann. Im letzten Abschreibungsjahr wird der verbliebene Restwert des Wirtschaftsgutes abgeschrieben.

AfA-Tabelle für den Wirtschaftszweig „Forstwirtschaft"
Werte vorgegeben vom Bundesministerium der Finanzen
Fassung vom 30.01.1996
Aktenzeichen: IV A 8-S 1551-3/96, S 1551-3/96, IV 300-S 1551-52/95, S 2190-St 234, S 1551-St 234
Normen: § 193ff AO, § 7 Abs 1 EStG

| Lfd. Nr. | Anlagegüter | Nutzungsdauer in Jahren | Linearer AfA-Satz v.H. |
|---|---|---|---|
| **1.** | ***Baulichkeiten*** | | |
| 1.1 | Schutzhütten und Zelte | 10 | 10 |
| 1.2 | Sonstige Gebäude (nicht branchengebunden) | – | – |
| **2** | ***Wege- und Brückenbauten*** | | |
| 2.1 | *Wege und Straßen* | | |
| 2.1.1 | *Fahrwege (alle befestigten und natürlich festen Wege, die nach ihrer Bauart ganzjährig mit schweren, im Forstbetrieb vorkommenden Lasten befahrbar sind)* | | |
| 2.1.1.1 | mit wassergebundener Decke | 10 | 10 |
| 2.1.1.2 | mit Bitumen-, Asphalt- oder Betondecke | 15 | 7 |
| 2.1.2 | Maschinenwege (alle anderen ortsfesten und kartenmäßig festgelegten Wege ohne Unterbau; Rückegassen sind keine Maschinenwege) | 5 | 20 |
| 2.2 | *Brücken* | | |
| 2.2.1 | Aus Beton oder Mauerwerk | 40 | 2,5 |
| 2.2.2 | Aus Eisen oder Stahl | 25 | 4 |
| 2.2.3 | Aus Holz | 10 | 10 |

# Anhang

| Lfd. Nr. | Anlagegüter | Nutzungsdauer in Jahren | Linearer AfA-Satz v.H. |
|---|---|---|---|
| 3 | **Be- und Entwässerungsanlagen** *(soweit sie nicht Bestandteil von Wegen und Straßen werden; in diesem Fall sind die der jeweiligen Ausbauart entsprechende Nutzungsdauer und er ihr entsprechende lineare AfA-Satz anzuwenden)* | | |
| 3.1 | *Gräben* | | |
| 3.1.1 | befestigte | 8 | 12 |
| 3.1.2 | Massivbau | 20 | 5 |
| 3.2 | *Stauanlagen und Sammler* | | |
| 3.2.1 | Aus Beton oder Mauerwerk | 33 | 3 |
| 3.2.2 | Aus Eisen oder Stahl | 25 | 4 |
| 3.2.3 | Aus Holz | 10 | 10 |
| 3.3 | *Drainagen und Leitungen* | | |
| 3.3.1 | Aus Beton oder Mauerwerk | 33 | 3 |
| 3.3.2 | Aus Ton | 10 | 10 |
| 3.3.3 | Aus Holz | 10 | 10 |
| 3.3.4 | Aus Kunststoff | 10 | 10 |
| 3.4 | *Beregnungsanlagen* | | |
| 3.4.1 | Berieselungsanlagen für Rundholzplatz | 6 | 17 |
| 3.4.2 | sonstige Beregnungsanlagen | 10 | 10 |
| 4 | **Maschinen und Geräte** | | |
| 4.1 | *Rodung, Bodenbearbeitung, Düngung, Bestandesbegründung* | | |
| 4.1.1 | Rodungsgeräte | 6 | 17 |
| 4.1.2 | Bodenbearbeitungsgeräte | 5 | 20 |
| 4.1.3 | Düngungsgeräte | 6 | 17 |
| 4.1.4 | Schlagräumgeräte, Mulchgeräte | 6 | 17 |
| 4.1.5 | Pflanzmaschinen | 6 | 17 |
| 4.1.6 | Pflanzschulgeräte | 8 | 12 |
| 4.2 | *Forst- und Holzschutz* | | |
| 4.2.1 | Geräte zur Brand- und Schädlingsbekämpfung | 10 | 10 |

| Lfd. Nr. | Anlagegüter | Nutzungsdauer in Jahren | Linearer AfA-Satz v.H. |
|---|---|---|---|
| 4.2.2 | Kulturzäune | 8 | 12 |
| 4.3 | Holzernte und Bestandespflege | | |
| 4.3.1 | Motorsägen | 3 | 33 |
| 4.3.2 | Holzernte- und Entrindungsmaschinen | 6 | 17 |
| 4.3.3 | Rückeschlepper, Zug- und Trägerfahrzeuge | 6 | 17 |
| 4.3.4 | Motorwinden, Anbauwinden, Seilanlagen | 6 | 17 |
| 4.3.5 | Rückewagen, Rückeanhänger | 6 | 17 |
| 4.3.6 | Freischneidegeräte | 5 | 20 |
| 4.3.7 | Motorgetriebene Ästungsgeräte | 5 | 20 |
| 4.4 | Wegebau, Wegeunterhaltung, Transport | | |
| 4.4.1 | Planierraupen | 5 | 20 |
| 4.4.2 | Bagger | 8 | 12 |
| 4.4.3 | Wegehobel, Walzen | 10 | 10 |
| 4.4.4 | Transportanhänger | 6 | 17 |
| 4.4.5 | Kipper | 5 | 20 |
| 4.4.6 | Bankettfräsmaschinen | 6 | 17 |
| 4.4.7 | Grabenfräsmaschinen | 6 | 17 |
| 4.5 | Jagdwirtschaft | | |
| 4.5.1 | Waffen und optische Geräte | 20 | 5 |
| 4.5.2 | Fütterungsanlagen | 10 | 10 |
| 4.5.3 | Wildgatter | 15 | 7 |
| 4.5.4 | Wildgatter beweglich | 10 | 10 |
| 4.5.5 | Kanzeln (geschlossene Hochsitze) | | |
| 4.5.5.1 | Aus Holz | 5 | 20 |
| 4.5.5.2 | Aus Stahl | 10 | 10 |
| 4.6 | Arbeits- und Katastrophenschutz | | |
| 4.6.1 | Waldarbeiterschutzwagen | 10 | 10 |
| 4.6.2 | Betriebsfunkanlagen | 8 | 12 |
| 4.7 | Rohholzaufbereitung | | |

| Lfd. Nr. | Anlagegüter | Nutzungsdauer in Jahren | Linearer AfA-Satz v.H. |
|---|---|---|---|
| 4.7.1 | Spezial-LKW zur Anlieferung von Holz in langer und kurzer Form | 5 | 20 |
| 4.7.2 | Rohholzbereitungsanlagen (insbes. Entastungsanlagen, Restholzhacker, Kappsägen, Vermessungsanlagen, stationäre Förder- und Sortierungsgeräte; bei Einzelaktivierung dieser Anlagen ist die AfA-Tabelle für den Wirtschaftszweig „Sägeindustrie und Holzbearbeitung" anzuwenden) | 8 | 12 |

*Die Tabelle gilt für alle Anlagegüter, die in Wirtschaftsjahren angeschafft oder hergestellt worden sind, die nach dem 30.09.1995 beginnen. Die Tabelle ist auch online zu finden auf der Webseite* www.bundesfinanzministerium.de

**Anlage 7: Umsatzsteuererklärung**

Umsatzsteuererklärung, pauschalierende und regelbesteuernde Forstwirte sollen diese zusammen mit der ESt-Erklärung abgeben.

**2020**

– Bitte weiße Felder ausfüllen oder ☒ ankreuzen, Anleitung beachten –

| Zeile | | |
|---|---|---|
| 1 | An das Finanzamt | Eingangsstempel |
| 2 | **Steuernummer** | |
| 3 | | |
| 4 | **Umsatzsteuererklärung** | |
| 5 | | |
| 6 | Berichtigte Steuererklärung (falls ja, bitte eine „1" eintragen) | |
| 7 | **A. Allgemeine Angaben** | |
| 8 | Name des Unternehmers | |
| 9 | ggf. abweichender Firmenname | |
| 10 | Art des Unternehmens | |
| 11 | Straße | |
| 12 | Hausnummer / Hausnummernzusatz / Adressergänzung | |
| 13 | PLZ / Ort | |
| 14 | PLZ / Postfach / Telefon | |
| 15 | E-Mail-Adresse | |
| 16 | Im Ausland ansässiger Unternehmer (falls ja, bitte eine „1" eintragen) . . . . . . . . . . . . . . | |
| 17 | Bitte fügen Sie in diesem Fall auch die Anlage UN bei. | |
| 18 | Fiskalvertreter (falls ja, bitte eine „1" eintragen) Bitte fügen Sie in diesem Fall auch die Anlage FV bei. | |
| 19 | Dauer der Unternehmereigenschaft (nur ausfüllen, falls nicht vom 1. Januar bis zum 31. Dezember 2020) | vom   bis zum |
| 20 | 1. Zeitraum . . . . . . . . . . . . . . . . . . . . . . . . . . . . . . | |
| 21 | 2. Zeitraum . . . . . . . . . . . . . . . . . . . . . . . . . . . . . . | |
| 22 | Die Steuer wurde nach vereinbarten Entgelten (falls ja, bitte eine „1" eintragen), nach vereinnahmten Entgelten (falls ja, bitte eine „2" eintragen) oder nach vereinbarten und vereinnahmten Entgelten (falls ja, bitte eine „3" eintragen) berechnet . . . . | |
| 23 | Die Abschlusszahlung ist binnen einem Monat nach der Abgabe der Steuererklärung zu entrichten (§ 18 Abs. 4 UStG). | |
| 24 | Ein Erstattungsbetrag wird auf das dem Finanzamt benannte Konto überwiesen, soweit der Betrag nicht mit Steuerschulden verrechnet wird. | |
| 25 | Verrechnung des Erstattungsbetrages erwünscht / Erstattungsbetrag ist abgetreten (falls ja, bitte eine „1" eintragen) . . . . . . . . . . . . . . . . . . . . . . . . . | |
| 26 | Geben Sie bitte die Verrechnungswünsche auf einem besonderen Blatt an oder auf dem beim Finanzamt erhältlichen Vordruck „Verrechnungsantrag". | |
| 27 | Über die Angaben in der Steuererklärung hinaus sind weitere oder abweichende Angaben oder Sachverhalte zu berücksichtigen (falls ja, bitte eine „1" eintragen) . . . . . . . . . . . . . . . . . . | |
| 28 | Geben Sie bitte diese auf einem gesonderten Blatt an, welches mit der Überschrift „Ergänzende Angaben zur Steuererklärung" zu kennzeichnen ist. | |
| 29 | **Datenschutzhinweis:** | |
| 30 | Die mit der Steuererklärung angeforderten Daten werden auf Grund der §§ 149, 150 AO sowie §§ 18, 18b UStG erhoben. Die Angabe der Telefonnummer und der E-Mail-Adresse ist freiwillig. Informationen über die Verarbeitung personenbezogener Daten in der Steuerverwaltung und über Ihre Rechte nach der Datenschutz-Grundverordnung sowie über Ihre Ansprechpartner in Datenschutzfragen entnehmen Sie bitte dem allgemeinen Informationsschreiben der Finanzverwaltung. Dieses Informationsschreiben finden Sie unter www.finanzamt.de (unter der Rubrik „Datenschutz") oder erhalten Sie bei Ihrem Finanzamt. | |

2020USt2A501   – Dez. 2019 –   2020USt2A501

Umsatzsteuererklärung 2020

# Anhang

– 2 –

Steuernummer: _____

| Zeile | | Betrag volle EUR |
|---|---|---|
| | **B. Angaben zur Besteuerung der Kleinunternehmer (§ 19 Abs. 1 UStG)** | |
| 31 | Die Zeilen 33 und 34 sind nur auszufüllen, wenn der Umsatz **2019** (zuzüglich Steuer) nicht mehr als **22 000 EUR** betragen hat und auf die Anwendung des § 19 Abs. 1 UStG nicht verzichtet worden ist. | |
| 32 | | |
| 33 | Umsatz im Kalenderjahr 2019 ⎫ ............................................... 238 | |
| 34 | Umsatz im Kalenderjahr 2020 ⎬ (Berechnung nach § 19 Abs. 1 und 3 UStG) ... 239 | |
| 35 | | |

| Zeile | | Bemessungsgrundlage ohne Umsatzsteuer volle EUR | Steuer EUR | Ct |
|---|---|---|---|---|
| 36 | **C. Steuerpflichtige Lieferungen, sonstige Leistungen und unentgeltliche Wertabgaben** | | | |
| 37 | **Umsätze zum allgemeinen Steuersatz** | | | |
| 38 | Lieferungen und sonstige Leistungen ....... zu 19 % 177 | | | |
| | Unentgeltliche Wertabgaben | | | |
| 39 | a) Lieferungen nach § 3 Abs. 1b UStG ....... zu 19 % 178 | | | |
| 40 | b) Sonstige Leistungen nach § 3 Abs. 9a UStG .. zu 19 % 179 | | | |
| 41 | **Umsätze zum ermäßigten Steuersatz** Lieferungen und sonstige Leistungen ........ zu 7 % 275 | | | |
| | Unentgeltliche Wertabgaben | | | |
| 42 | a) Lieferungen nach § 3 Abs. 1b UStG ....... zu 7 % 195 | | | |
| 43 | b) Sonstige Leistungen nach § 3 Abs. 9a UStG .. zu 7 % 196 | | | |
| 44 | | | | |
| 45 | Umsätze zu anderen Steuersätzen ........ 155 | | 156 | |
| 46 | | | | |
| 47 | **Umsätze land- und forstwirtschaftlicher Betriebe nach § 24 UStG** | | | |
| 48 | a) Lieferungen in das übrige Gemeinschaftsgebiet an Abnehmer mit USt-IdNr. .................. 777 | | | |
| 49 | b) Steuerpflichtige Lieferungen (einschließlich unentgeltlicher Wertabgaben) von **Sägewerkserzeugnissen**, die in der Anlage 2 zum UStG nicht aufgeführt sind ..... 255 | | 256 | |
| 50 | c) Steuerpflichtige Umsätze (einschließlich unentgeltlicher Wertabgaben) von **Getränken**, die in der Anlage 2 zum UStG nicht aufgeführt sind, sowie von **alkoholischen** | | | |
| 51 | **Flüssigkeiten** (z. B. Wein) ............. zu 8,3 % 344 | | | |
| 52 | Umsätze zu anderen Steuersätzen ........... 257 | | 258 | |
| 53 | d) Übrige steuerpflichtige Umsätze land- und forstwirtschaftlicher Betriebe, für die keine Steuer zu entrichten ist ... 361 | | | |
| 54 | | | | |
| 55 | **Steuer infolge Wechsels der Besteuerungsform:** Nachsteuer/Anrechnung der Steuer, die auf bereits versteuerte Anzahlungen entfällt (im Falle der **Anrechnung** | | | |
| 56 | bitte auch Zeile 57 ausfüllen) .................. | | 317 | |
| 57 | Betrag der Anzahlungen, für die die anzurechnende Steuer in Zeile 56 angegeben worden ist ............ 367 | | | |
| 58 | Nachsteuer auf versteuerte Anzahlungen u. ä. wegen **Steuersatzänderung** ........... 319 | | | |
| 59 | | | | |
| 60 | Summe .............................. (zu übertragen in Zeile 152) | | | |

2020USt2A502                                                    2020USt2A502

**Umsatzsteuererklärung 2020**

– 3 –

Steuernummer:

| Zeile | | Bemessungsgrundlage ohne Umsatzsteuer volle EUR |
|---|---|---|
| 61 | **D. Steuerfreie Lieferungen, sonstige Leistungen und unentgeltliche Wertabgaben** | |
| 62 | **Steuerfreie Umsätze mit Vorsteuerabzug** | |
| 63 | a) **Innergemeinschaftliche Lieferungen** (§ 4 Nr. 1 Buchst. b UStG) an Abnehmer **mit** USt-IdNr. . . . . . . . . . . . . . . . . . . . . . . . . . . 741 | |
| 64 | neuer Fahrzeuge an Abnehmer **ohne** USt-IdNr. . . . . . . . . . . . . . . . . 744 | |
| 65 | neuer Fahrzeuge außerhalb eines Unternehmens (§ 2a UStG) . . . . . . . . . 749 | |
| 66 | b) **Weitere steuerfreie Umsätze mit Vorsteuerabzug** (z. B. nach § 4 Nr. 1 Buchst. a, 2 bis 7 UStG) | |
| 67 | **Ausfuhrlieferungen** und Lohnveredelungen an Gegenständen der Ausfuhr (§ 4 Nr. 1 Buchst. a UStG) . . . . . . . . . . . . . . . . . . . . . . . . . . . | |
| 68 | Umsätze nach § _____ UStG . . . . . . . . . . . . . . . . . . . . . . . . | |
| 69 | Umsätze im Sinne des Offshore-Steuerabkommens, des Zusatzabkommens zum NATO-Truppenstatut und des Ergänzungsabkommens zum Protokoll über die NATO-Hauptquartiere . . . . . . | |
| 70 | Reiseleistungen nach § 25 Abs. 2 UStG . . . . . . . . . . . . . . . . . . . | |
| 71 | Summe der Zeilen 67 bis 70 . . . . . . . . . . . . . . . . . . . . . . . . 237 | |
| 72 | **Steuerfreie Umsätze ohne Vorsteuerabzug** | |
| 73 | a) **nicht zum Gesamtumsatz** (§ 19 Abs. 3 UStG) gehörend nach § 4 Nr. 12 UStG (Vermietung und Verpachtung von Grundstücken usw.) . . . . . . 286 | |
| 74 | nach § 4 Nr. _____ UStG . . . . . . . . . . . . . . . . . . . . . . . . . 287 | |
| 75 | Summe der Zeilen 73 und 74 . . . . . . . . . . . . . . . . . . . . . . . . | |
| 76 | b) **zum Gesamtumsatz** (§ 19 Abs. 3 UStG) gehörend | |
| 77 | nach § _____ UStG . . . . . . . . . . . . . . . . . . . . . . . . . . . 240 | |

| Zeile | | Bemessungsgrundlage ohne Umsatzsteuer volle EUR | Steuer EUR | Ct |
|---|---|---|---|---|
| 78 | **E. Innergemeinschaftliche Erwerbe** | | | |
| 79 | | | | |
| 80 | **Steuerfreie innergemeinschaftliche Erwerbe** nach §§ 4b und 25c UStG . . . . . . . . . . . . . . . 791 | | | |
| 81 | **Steuerpflichtige innergemeinschaftliche Erwerbe (§ 1a UStG)** | | | |
| 82 | zum Steuersatz von 19 % . . . . . . . . . . . . . . . . 781 | | | |
| 83 | zum Steuersatz von 7 % . . . . . . . . . . . . . . . . 793 | | | |
| 84 | zu anderen Steuersätzen . . . . . . . . . . . . . . . . 798 | | 799 | |
| 85 | neuer Fahrzeuge (§ 1b Abs. 2 und 3 UStG) von Lieferern ohne USt-IdNr. zum allgemeinen Steuersatz . . . . . . . . 794 | | 796 | |
| 86 | Summe . . . . . . . . . . . . . . . . . . (zu übertragen in Zeile 153) | | | |
| 87 | | | | |

| Zeile | | Bemessungsgrundlage ohne Umsatzsteuer volle EUR | Steuer EUR | Ct |
|---|---|---|---|---|
| 88 | **F. Steuerschuldner bei Auslagerung (§ 13a Abs. 1 Nr. 6 UStG)** | | | |
| 89 | Lieferungen, die der Auslagerung vorangegangen sind (§ 4 Nr. 4a Satz 1 Buchst. a Satz 2 UStG) . . . . . . . . 852 | | 853 | |
| 90 | Summe . . . . . . . . . . . . . . . . . . (zu übertragen in Zeile 154) | | | |

Umsatzsteuererklärung 2020

# Anhang

137

Steuernummer:

| Zeile | G. Innergemeinschaftliche Dreiecksgeschäfte (§ 25b UStG) | Bemessungsgrundlage ohne Umsatzsteuer volle EUR | | Steuer EUR | Ct |
|---|---|---|---|---|---|
| 91 | | | | | |
| 92 | Lieferungen des ersten Abnehmers | 742 | | | |
| 93 | Lieferungen, für die der letzte Abnehmer die Umsatzsteuer schuldet | | | | |
| 94 | zum Steuersatz von 19 % | 751 | | | |
| 95 | zum Steuersatz von 7 % | 746 | | | |
| 96 | zu anderen Steuersätzen | 747 | | 748 | |
| 97 | Summe | (zu übertragen in Zeile 155) | | | |

| Zeile | H. Leistungsempfänger als Steuerschuldner (§ 13b UStG) | Bemessungsgrundlage ohne Umsatzsteuer volle EUR | | Steuer EUR | Ct |
|---|---|---|---|---|---|
| 98 | | | | | |
| 99 | Sonstige Leistungen nach § 3a Abs. 2 UStG eines im übrigen Gemeinschaftsgebiet ansässigen Unternehmers (§ 13b Abs. 1 UStG) | 846 | | 847 | |
| 100 | Umsätze, die unter das GrEStG fallen (§ 13b Abs. 2 Nr. 3 UStG) | 873 | | 874 | |
| 101 | Andere Leistungen (§ 13b Abs. 2 Nr. 1, 2, 4 bis 11 UStG) | 877 | | 878 | |
| 102 | Summe | (zu übertragen in Zeile 156) | | | |

| Zeile | I. Ergänzende Angaben zu Umsätzen | | Betrag volle EUR |
|---|---|---|---|
| 103 | | | |
| 104 | Umsätze, die auf Grund eines Verzichts auf Steuerbefreiung (§ 9 UStG) als steuerpflichtig behandelt worden sind | | |
| 105 | Steuerpflichtige Umsätze des leistenden Unternehmers, für die der Leistungsempfänger die Steuer nach § 13b Abs. 5 UStG schuldet | 209 | |
| 106 | Beförderungs- und Versendungslieferungen in das übrige Gemeinschaftsgebiet (§ 3c UStG) a) in Abschnitt B oder C enthalten | 208 | |
| 107 | b) in anderen EU-Mitgliedstaaten zu versteuern | 206 | |
| 108 | Telekommunikations-, Rundfunk- und Fernsehdienstleistungen sowie auf elektronischem Weg erbrachte sonstige Leistungen an im übrigen Gemeinschaftsgebiet ansässige Nichtunternehmer unter der Voraussetzung des § 3a Abs. 5 Sätze 3 und 4 UStG | | |
| 109 | a) in Abschnitt B oder C enthalten | 213 | |
| 110 | b) in anderen EU-Mitgliedstaaten zu versteuern | 214 | |
| 111 | Nicht steuerbare Geschäftsveräußerung im Ganzen gem. § 1 Abs. 1a UStG | 211 | |
| 112 | Nicht steuerbare sonstige Leistungen gem. § 18b Satz 1 Nr. 2 UStG | 721 | |
| 113 | Übrige nicht steuerbare Umsätze (Leistungsort nicht im Inland) | 205 | |
| 114 | In den Zeilen 107, 110, 112 und 113 enthaltene Umsätze, die nach § 15 Abs. 2 und 3 UStG den Vorsteuerabzug ausschließen | 204 | |
| 115 | Auf den inländischen Streckenanteil entfallende Umsätze grenzüberschreitender Personenbeförderung im Luftverkehr (§ 26 Abs. 3 UStG) | 212 | |
| 116 | | | |
| 117 | | | |
| 118 | | | |
| 119 | | | |
| 120 | | | |

2020USt2A504        2020USt2A504

## Umsatzsteuererklärung 2020

– 5 –
Steuernummer: _____

| Zeile | | Steuer EUR | Ct |
|---|---|---|---|
| 121 | **J. Abziehbare Vorsteuerbeträge** (ohne die Berichtigung nach § 15a UStG) | | |
| 122 | Vorsteuerbeträge aus Rechnungen von anderen Unternehmern (§ 15 Abs. 1 Satz 1 Nr. 1 UStG) | 320 | |
| 123 | Vorsteuerbeträge aus innergemeinschaftlichen Erwerben von Gegenständen (§ 15 Abs. 1 Satz 1 Nr. 3 UStG) | 761 | |
| 124 | Entstandene Einfuhrumsatzsteuer (§ 15 Abs. 1 Satz 1 Nr. 2 UStG) | 762 | |
| 125 | Vorsteuerabzug für die Steuer, die der Abnehmer als Auslagerer nach § 13a Abs. 1 Nr. 6 UStG schuldet (§ 15 Abs. 1 Satz 1 Nr. 5 UStG) | 468 | |
| 126 | Vorsteuerbeträge aus Leistungen im Sinne des § 13b UStG (§ 15 Abs. 1 Satz 1 Nr. 4 UStG) | 467 | |
| 127 | Vorsteuerbeträge, die nach den allgemeinen Durchschnittssätzen berechnet sind (§ 23 UStG) | 333 | |
| 128 | Vorsteuerbeträge nach dem Durchschnittssatz für bestimmte Körperschaften, Personenvereinigungen und Vermögensmassen (§ 23a UStG) | 334 | |
| 129 | Vorsteuerabzug für innergemeinschaftliche Lieferungen **neuer Fahrzeuge** außerhalb eines Unternehmens (§ 2a UStG) sowie von Kleinunternehmern i.S.d. § 19 Abs. 1 UStG (§ 15 Abs. 4a UStG) | 759 | |
| 130 | Vorsteuerbeträge aus innergemeinschaftlichen Dreiecksgeschäften (§ 25b Abs. 5 UStG) | 760 | |
| 131 | Summe ........................... (zu übertragen in Zeile 156) | | |
| 132 | | | |
| 133 | **K. Berichtigung des Vorsteuerabzugs (§ 15a UStG)** | | |
| 134 | Sind im Kalenderjahr 2020 **Grundstücke, Grundstücksteile, Gebäude** oder **Gebäudeteile**, für die Vorsteuer abgezogen worden ist, erstmals tatsächlich verwendet worden? Falls ja, bitte eine „1" eintragen | 370 | |
| 135 | (Geben Sie bitte auf besonderem Blatt für jedes Grundstück oder Gebäude gesondert an: Lage, Zeitpunkt der erstmaligen tatsächlichen Verwendung, Art und Umfang der Verwendung im Erstjahr, insgesamt angefallene Vorsteuer, in den Vorjahren - Investitionsphase - bereits abgezogene Vorsteuer) | | |
| 136 | Haben sich im Jahr 2020 die für den ursprünglichen Vorsteuerabzug maßgebenden Verhältnisse geändert bei | | |
| 137 | 1. **Grundstücken, Grundstücksteilen, Gebäuden** oder **Gebäudeteilen**, die innerhalb der letzten 10 Jahre erstmals tatsächlich und **nicht nur einmalig** zur Ausführung von Umsätzen verwendet worden sind? Falls ja, bitte eine „1" eintragen | 371 | |
| 138 | 2. **anderen Wirtschaftsgütern und sonstigen Leistungen**, die innerhalb der letzten 5 Jahre erstmals tatsächlich und **nicht nur einmalig** zur Ausführung von Umsätzen verwendet worden sind? Falls ja, bitte eine „1" eintragen | 372 | |
| 139 | 3. **Wirtschaftsgütern und sonstigen Leistungen**, die **nur einmalig** zur Ausführung von Umsätzen verwendet worden sind? Falls ja, bitte eine „1" eintragen | 369 | |
| 140 | | | |
| 141 | Die Verhältnisse, die ursprünglich für die Beurteilung des Vorsteuerabzugs maßgebend waren, haben sich seitdem geändert durch | | |
| | ☐ Veräußerung ☐ Lieferung i.S. des § 3 Abs. 1b UStG ☐ Wechsel der Besteuerungsform, § 15a Abs. 7 UStG | | |
| 142 | ☐ Nutzungsänderung, und zwar | | |
| 143 | ☐ Übergang von steuerpflichtiger zu steuerfreier Vermietung oder umgekehrt bzw. Änderung des Verwendungsschlüssels bei gemischt genutzten Grundstücken (insbesondere bei Mieterwechsel) | | |
| 144 | ☐ steuerfreie Vermietung bisher eigengewerblich genutzter Räume oder umgekehrt; Übergang von einer Vermietung für NATO- oder ähnliche Zwecke zu einer nach § 4 Nr. 12 UStG steuerfreien Vermietung | | |
| 145 | | | |

| Zeile | Vorsteuerberichtigungsbeträge | nachträglich abziehbar EUR | Ct | zurückzuzahlen EUR | Ct |
|---|---|---|---|---|---|
| 146 | | | | | |
| 147 | zu 1. (Grundstücke usw., § 15a Abs. 1 Satz 2 UStG) | | | | |
| 148 | zu 2. (andere Wirtschaftsgüter usw., § 15a Abs. 1 Satz 1 UStG) | | | | |
| 149 | zu 3. (Wirtschaftsgüter usw., § 15a Abs. 2 UStG) | | | | |
| 150 | Summe ........................ 357 | | | 359 | |
| | | zu übertragen in Zeile 159 | | zu übertragen in Zeile 161 | |

Umsatzsteuererklärung 2020

# Anhang

– 6 –

Steuernummer: _____

## L. Berechnung der zu entrichtenden Umsatzsteuer

| Zeile | | | Steuer EUR | Ct |
|---|---|---|---|---|
| 152 | Umsatzsteuer auf steuerpflichtige Lieferungen, sonstige Leistungen und unentgeltliche Wertabgaben | (aus Zeile 60) | | |
| 153 | Umsatzsteuer auf innergemeinschaftliche Erwerbe | (aus Zeile 86) | | |
| 154 | Umsatzsteuer, die vom Auslagerer oder Lagerhalter geschuldet wird (§ 13a Abs. 1 Nr. 6 UStG) | (aus Zeile 90) | | |
| 155 | Umsatzsteuer, die vom letzten Abnehmer im innergemeinschaftlichen Dreiecksgeschäft geschuldet wird (§ 25b Abs. 2 UStG) | (aus Zeile 97) | | |
| 156 | Umsatzsteuer, die vom Leistungsempfänger nach § 13b UStG geschuldet wird | (aus Zeile 102) | | |
| 157 | Zwischensumme | | | |
| 158 | Abziehbare Vorsteuerbeträge | (aus Zeile 131) | | |
| 159 | Vorsteuerbeträge, die auf Grund des § 15a UStG nachträglich abziehbar sind | (aus Zeile 150) | | |
| 160 | Verbleibender Betrag | | | |
| 161 | Vorsteuerbeträge, die auf Grund des § 15a UStG zurückzuzahlen sind | (aus Zeile 150) | | |
| 162 | In Rechnungen unrichtig oder unberechtigt ausgewiesene Steuerbeträge (§ 14c UStG) sowie Steuerbeträge, die nach § 6a Abs. 4 Satz 2 UStG geschuldet werden | | 318 | |
| 163 | Steuerbeträge, die nach § 17 Abs. 1 Satz 6 UStG geschuldet werden | | 351 | |
| 164 | Steuer-, Vorsteuer- und Kürzungsbeträge, die auf frühere Besteuerungszeiträume entfallen (nur für Kleinunternehmer, die § 19 Abs. 1 UStG anwenden) | | 791 | |
| 165 | Umsatzsteuer Überschuss - bitte dem Betrag ein Minuszeichen voranstellen | | | |
| 166 | Anrechenbare Beträge | (aus Zeile 23 der Anlage UN) | | |
| 167 | Verbleibende Umsatzsteuer / Verbleibender Überschuss – bitte dem Betrag ein Minuszeichen voranstellen – (bitte in jedem Fall ausfüllen) | | 816 | |
| 168 | Vorauszahlungssoll 2020 (einschließlich Sondervorauszahlung) | | | |
| 169 | Noch an die Finanzkasse zu entrichten - Abschlusszahlung - Erstattungsanspruch – bitte dem Betrag ein Minuszeichen voranstellen – (bitte in jedem Fall ausfüllen) | | 820 | |

170

171 Ein Umsatzsteuerbescheid ergeht nur, wenn von Ihrer Berechnung der Umsatzsteuer abgewichen wird.

### Unterschrift

172

173 Die Steuererklärung wurde unter Mitwirkung eines Angehörigen der steuerberatenden Berufe i.S.d. §§ 3 und 4 des Steuerberatungsgesetzes erstellt (falls ja, bitte eine „1" eintragen)

174 Bei der Anfertigung dieser Steuererklärung einschließlich der Anlagen hat mitgewirkt:

175

176

177 Datum, eigenhändige Unterschrift des Unternehmers

### Bearbeitungshinweis

178

Kontrollzahl und/oder Datenerfassungsvermerk

179 1. Die aufgeführten Daten sind mit Hilfe des geprüften und genehmigten Programms sowie ggf. unter Berücksichtigung der gespeicherten Daten maschinell zu verarbeiten.

180 2. Die weitere Bearbeitung richtet sich nach den Ergebnissen der maschinellen Verarbeitung.

2020USt2A506    2020USt2A506

**Umsatzsteuererklärung 2020**

## Anlage 8: Antrag Kfz-Steuer Befreiung
Kann nicht für PKW, wohl aber für forstwirtschaftliche Sondermaschinen (Rückewagen, Schlepper …) gestellt werden.

| Hauptzollamt | Amtliches Kennzeichen des Fahrzeugs |
|---|---|

**Antrag auf Steuerbefreiung nach § 3 Nummer 7 Kraftfahrzeugsteuergesetz (KraftStG)**
für Fahrzeuge der Land- und Forstwirtschaft

Name, Vorname, Firma

Anschrift (Straße / Nummer, PLZ, Ort)

Telefonnummer (für Rückfragen)

Ich beantrage Befreiung von der Kraftfahrzeugsteuer für das nachfolgend aufgeführte Fahrzeug:

**I. Fahrzeugart**
Fahrzeughersteller/in ................................................ Typ ................................................

☐ **Zugmaschine** (jedoch keine Sattelzugmaschine).

☐ **mehrachsiger Anhänger** (jedoch kein Sattelanhänger), der ausschließlich hinter der/den Zugmaschine/n bzw. dem/den Sonderfahrzeug/en mit dem/den amtl. Kennzeichen mitgeführt wird.

☐ **einachsiger Anhänger** (jedoch kein Sattelanhänger), einschließlich Anhänger mit zwei Achsen, dessen Achsabstand weniger als einen Meter beträgt.

☐ **Sonderfahrzeug**, das wegen seiner Bauart und seiner besonderen, mit ihm fest verbundenen besonderen Einrichtungen nur für die unter Ziffer II dieses Antrages angegebenen Verwendungszwecke geeignet und bestimmt ist. Es handelt sich um (nähere Beschreibung des Sonderfahrzeugs):

..................................................................................................................

☐ Ich habe bereits für ein anderes / früheres Fahrzeug die Steuerbefreiung nach § 3 Nummer 7 KraftStG in Anspruch genommen. Amtl. Kennzeichen dieses Fahrzeugs:

**II. Verwendungszweck**
Das Fahrzeug soll ausschließlich verwendet werden

☐ in meinem land- oder forstwirtschaftlichen Betrieb für folgende Zwecke:
   (z. B. Pflügen, Mähen, Beförderung landwirtschaftlicher Erzeugnisse oder Bedarfsgüter)

☐ zur Durchführung folgender Lohnarbeiten für land- oder forstwirtschaftliche Betriebe:
   (z. B. Holzrücken, Unkraut-/Schädlingsbekämpfung, Ernteabeiten)

☐ für Beförderungen (Transporte) im Auftrag und für Rechnung land- oder forstwirtschaftlicher Betriebe; Die Beförderungen beginnen oder enden jeweils in einem land- oder forstwirtschaftlichen Betrieb (Bitte Art der Beförderungen angeben).

☐ zur Beförderung von Milch, Magermilch, Molke oder Rahm (ggf. auch von Milcherzeugnissen auf dem Rückweg von einer Molkerei).

☐ von Land- oder Forstwirtinnen bzw. Land- oder Forstwirten zur Pflege von öffentlichen Grünflächen oder zur Straßenreinigung im Auftrag von Gemeinden oder Gemeindeverbänden.
(Bitte Namen der Gemeinde / des Gemeindeverbandes angeben)

3813/1 Antrag auf Steuerbefreiung nach § 3 Nummer 7 Kraftfahrzeugsteuergesetz (Kraftfahrzeugsteuer) (2020)

Antrag Befreiung KFZ Steuer

# Anhang 141

☐ zu folgenden sonstigen Zwecken:
(z. B. Fahrzeugverleih an Landwirtinnen/Landwirte zur Verwendung in deren landwirtschaftlichen Betrieben)

**Besonderheiten bei der Fahrzeugverwendung:**
(nur land-/forstwirtschaftliche Betriebe)

Das ansonsten nur im land-/forstwirtschaftlichen Betrieb eingesetzte Fahrzeug wird außerdem zu nachfolgenden Beförderungen verwendet:

☐ Beförderung land- oder forstwirtschaftlicher Erzeugnisse von einer örtlichen Sammelstelle zu einem Verwertungs- oder Verarbeitungsbetrieb.

☐ Beförderung land-/forstwirtschaftlicher Bedarfsgüter vom Bahnhof zur örtlichen Lagereinrichtung

☐ Brennholz bzw. Holztransport aus einem forstwirtschaftlichen Betrieb, im Auftrag von Privatpersonen oder gewerblichen Unternehmen (z. B. Sägewerken).

Genaue Angaben zu den o.g. Beförderungen
(z. B. Art der Erzeugnisse/Bedarfsgüter, Name und Anschrift der Sammelstellen/Lager/Betriebe, usw.)

## III. Angaben zum Betrieb

**Gegenstand meines Unternehmens ist**

☐ ein Betrieb der Land- und Forstwirtschaft von        ha. Davon sind        ha gepachtet.
(Bitte Einheitswertbescheid bzw. Bescheid über den Ersatzwirtschaftswert des Finanzamts diesem Antrag beifügen.)

☐ ein Gewerbebetrieb folgender Art (z.B. Photovoltaikanlagen):

☐ folgende sonstige Tätigkeit:

**Ich werde steuerlich geführt**

beim Finanzamt _____ unter der Steuernummer _____

Aus dem/den Betrieb(en) erziele ich folgende Einkünfte: (ggf. Kopie des Einkommensteuerbescheids beifügen)

☐ Einkünfte aus Land- und Forstwirtschaft

☐ gewerbliche Einkünfte

**Ich bin Mitglied der landwirtschaftlichen Berufsgenossenschaft (Unfallversicherung)**

☐ Ja (Bitte Beitragsbescheid der landwirtschaftlichen Berufsgenossenschaft diesem Antrag beifügen)

☐ Nein _____
(Begründung)

**Ergänzende Angaben zum Betrieb / kurze Beschreibung der land- und forstwirtschaftlichen Verwendung**

3813/2 Antrag auf Steuerbefreiung nach § 3 Nummer 7 Kraftfahrzeugsteuergesetz (Kraftfahrzeugsteuer) (2020)

Antrag Befreiung KFZ Steuer

## IV. Voraussetzungen der Steuerbefreiung nach § 3 Nummer 7 KraftStG

Von der Steuer befreit ist das Halten von
- Zugmaschinen (ausgenommen Sattelzugmaschinen),
- Sonderfahrzeugen,
- Kraftfahrzeuganhängern hinter Zugmaschinen oder Sonderfahrzeugen und
- einachsigen Kraftfahrzeuganhängern (ausgenommen Sattelanhänger, aber einschließlich Anhänger mit einem Achsabstand von weniger als einem Meter),

solange diese Fahrzeuge **ausschließlich**

a) in land- oder forstwirtschaftlichen Betrieben,

b) zur Durchführung von Lohnarbeiten für land- oder forstwirtschaftliche Betriebe,

c) zu Beförderungen für land- und forstwirtschaftliche Betriebe, wenn diese Beförderungen in einem land- und forstwirtschaftlichen Betrieb beginnen oder enden,

d) zur Beförderung von Milch, Magermilch, Molke oder Rahm oder

e) von Land- oder Forstwirtinnen bzw. Land- oder Forstwirten zur Pflege von öffentlichen Grünflächen oder zur Straßenreinigung im Auftrag von Gemeinden oder Gemeindeverbänden verwendet werden.

Als Sonderfahrzeuge gelten Fahrzeuge, die nach ihrer Bauart und ihren besonderen, mit ihnen fest verbundenen Einrichtungen nur für die bezeichneten Verwendungszwecke geeignet und bestimmt sind. Die Steuerbefreiung nach Buchstabe a) wird nicht dadurch ausgeschlossen, dass eine Land- oder Forstwirtin bzw. ein Land- oder Forstwirt land- oder forstwirtschaftliche Erzeugnisse von einer örtlichen Sammelstelle zu einem Verwertungs- oder Verarbeitungsbetrieb, land- oder forstwirtschaftliche Bedarfsgüter vom Bahnhof zur örtlichen Lagereinrichtung oder Holz vom forstwirtschaftlichen Betrieb aus befördert. Die Steuerbefreiung nach Buchstabe d) wird nicht dadurch ausgeschlossen, dass auf dem Rückweg von einer Molkerei Milcherzeugnisse befördert werden.

## V. Anzeigepflicht

Ich verpflichte mich, jeden auch nur kurzzeitigen Wegfall der Voraussetzungen für die Steuerbefreiung dem Hauptzollamt unverzüglich schriftlich anzuzeigen. Im Falle einer anderweitigen, d.h. zweckfremden Benutzung des Fahrzeugs muss ich mit einer Steuernachforderung rechnen.
Zuwiderhandlungen können ggf. ahndungs- bzw. strafrechtliche Konsequenzen haben.

Ich versichere, dass ich die vorstehenden Angaben nach bestem Wissen und Gewissen richtig und vollständig gemacht habe.

_____    _____
(Ort und Datum)                       (Unterschrift Antragsteller/in)

**Hinweis zum Datenschutz im Anwendungsbereich der DSGVO**
Die Informationen zum Datenschutz - insbesondere zu den Informationspflichten bei der Erhebung personenbezogener Daten nach Artikel 13 und 14 Datenschutzgrundverordnung - werden Ihnen im Internetauftritt der Zollverwaltung unter www.zoll.de (in der Rubrik Datenschutz unter der Überschrift "Datenschutzerklärung für Verwaltungsverfahren des Zolls") oder bei Bedarf in jeder Zolldienststelle bereitgestellt.

3813/3 Antrag auf Steuerbefreiung nach § 3 Nummer 7 Kraftfahrzeugsteuergesetz (Kraftfahrzeugsteuer) (2020)

### Antrag Befreiung KFZ Steuer

## Bildnachweis

**Titelbild und Grafiken** Titelbild und Grafiken: Astrid van Kimmenade

**Illustrationen „Blätter"**
Sämtlich aufbereitet von: Isabel Winckler.

- Vorwort: Ahorn. stock.adobe.com – Aleksandra Smirnova
- Inhalt: Birke. stock.adobe.com – ruskpp
- Kap. 1: Buche. stock.adobe.com – Basicmoments – Common Beech (Fagus sylvatica) Engraved antique illustration from Brockhaus Konversations-Lexikon 1908
- Kap. 2: Eiche. stock.adobe.com – Aleksandra Smirnova
- Kap. 3: Esche. stock.adobe.com – Aleksandra Smirnova
- Kap. 4: Fichte. stock.adobe.com – ruskpp
- Kap. 5: Hasel. stock.adobe.com – ruskpp
- Kap. 6: Kastanie. stock.adobe.com – Basicmoments – Common Beech (Fagus sylvatica) Engraved antique illustration from Brockhaus Konversations-Lexikon 1908
- Kap. 7: Kiefer. stock.adobe.com – ruskpp
- Kap. 8: Tanne. stock.adobe.com – Basicmoments – Common Beech (Fagus sylvatica) Engraved antique illustration from Brockhaus Konversations-Lexikon 1908
- Kap. 9: Weide. stock.adobe.com – Aleksandra Smirnova

 springer-gabler.de

**Thomas Siegel · Felix Siegel**

# Steuertipps für YouTuber, Blogger und Influencer

Die besten Strategien für Ihren Erfolg

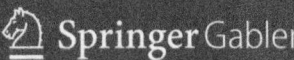

**Jetzt im Springer-Shop bestellen:**
springer.com/978-3-658-30501-7

The manufacturer's authorised representative in the EU is Springer Nature Customer Service Centre GmbH, Europaplatz 3, 69115 Heidelberg, Germany. If you have any concerns regarding our products, please contact ProductSafety@springernature.com

Printed and bound by CPI Group (UK) Ltd, Croydon, CR0 4YY

25/03/2026

02078205-0008